이 책을 평생을 걸쳐 나를 조각해 준 하나님의 조각가,
사랑하는 아내 조미정에게 헌정합니다.

초판 발행 2025년 8월 25일 | 지은이 김세대 | 펴낸이 안창현 | 펴낸곳 코드미디어
북 디자인 Micky Ahn
등록 2001년 3월 7일 등록번호 제 25100-2001-5호 | 주소 서울시 은평구 갈현로 318-1 1층
전화 02-6326-1402 | 팩스 02-388-1302 | 전자우편 codmedia@codmedia.com

ISBN 979-11-93355-40-4　03810

정가 15,000원

이 책의 판권은 지은이와 코드미디어에 있습니다.
잘못 만들어진 책은 교환해드립니다.

미완의 걸작,
완성은 하늘에서

김세대 지음

# 추천의 글

유기성 목사
선한목자교회 원로목사

　제가 선한목자교회에서 목회하면서 받았던 많은 좋은 평가는 사실 대부분 장로님들의 몫이었습니다. 장로님들께서 보여주신 믿음과 헌신, 사랑과 협력이 없었다면 저는 제대로 목회할 수 없었을 것입니다. 그런 장로님들은 어떤 교회에서도 쉽게 만나기 어려운 귀한 분들이십니다.
　그 가운데서도 제 마음에 특별히 깊이 남아 있는 분이 바로 김세대 장로님과 조미정 권사님 부부입니다. 두 분의 성숙한 믿음과 겸손한 리더십은 교회가 위기를 만날 때마다 안정되게 회복될 수 있도록 큰 힘이 되어 주셨습니다. 목회자와 장로들 사이의 관계도 참으로 화목했고, 장로회는 성도들로부터 존경과 신뢰를 받을 수 있었습니다.
　그런데 2023년 12월, 조미정 권사님이 갑자기 하나님의 부르심을 받으셨습니다. 전혀 예상치 못했던 일이었기에 그 소식을 들었을 때의 충격은 말로 다 할 수 없었습니다. 저도 그랬는데, 장로님과 자녀들의 마음은 얼마나 크고 아팠겠습니까? 장례 예배를 준비하면서 제 마음이 이토록 아프고 하나님의 뜻을 헤아리기 어려웠던 때도 드물었습니다. 그날의 기억은 지금도 생생합니다.
　그로부터 일 년이 지나고, 김세대 장로님께서 저에게 한 편의 원고 파일을 보내 주셨습니다. 사랑하는 아내를 먼저 주님께 보내드린 후, 장로님이 기도하며 묵상한 시간들을 담은 회상록이었습니다.
　이 책은 한 남편의 회고를 넘어, 한 영혼의 깊은 고백이자 감사의 헌사입니다. 동시에 조용히 순종하며 남편의 곁을 지킨 한 여인의 삶이 어떻게 '하나님의 회복 프로젝트'가 되었는지를 증언하는 믿음의 기록입니다. 장로님은 아내를 주님의 품에 보내드린 후에야 비로소 그녀의 진면목을 더 깊이 보게 되었다고 고백하십니다. 거친 대리석 속에서 다윗상을 조각해 낸 미켈란젤로처럼, 조미정 권사님은 남편의 삶 속에서 하나님의 형상을 발견하고 다듬어 간 조용한 조각가와 같았습니다. 그 손길의 흔적은 이 책의 모든 페이지에 잔잔히 새겨져 있습니다.

이 회상록은 단순한 인생 회고록이 아닙니다. 믿음과 삶, 사역과 직장, 고난과 헌신, 부부의 동행을 통해 하나님의 사람으로 빚어져 간 한 인생의 진솔한 간증입니다.

이 책을 통해 우리는 '사람을 변화시키는 사랑의 힘'과 '하나님의 걸작품을 향한 거룩한 손길'을 목격하게 됩니다. 아내의 눈을 통해 하나님의 시선을 배우고, 이제 펜을 든 장로님의 손을 통해 주님의 손길을 다시 느끼게 됩니다.

이 책은 단지 한 가정의 이야기를 넘어, 우리 모두의 이야기이며, 회복을 향해 나아가는 하나님의 이야기입니다. 그리고 그 여정을 걷는 우리 모두에게 이렇게 속삭입니다. "나는 당신 안에서 하나님의 걸작품을 보고 있습니다."

이 책을 펼치는 모든 이에게, 자기 안에 계신 하나님을 새롭게 발견하고, 곁에 있는 '하나님의 사람'을 다시 바라보는 은혜가 임하기를 간절히 기도합니다.

김학중 목사
꿈의교회 담임목사

　　　　이 책의 첫 표지를 펼 때만 해도 일단 가볍게 읽어보자는 생각이 컸습니다. 그런데 읽다 보니 저도 모르게, 책의 내용 하나하나에 심각하게 고민하는 모습이 나오곤 했습니다. 그러면서 느낀 점은 '이 책은 역시 김세대 장로님의 작품'이라는 생각이었습니다.
　저는 김세대 장로님을 잘 압니다. CBS 방송 이사회에 함께 일하면서, 오랜 시간 장로님을 곁에서 지켜보았기 때문입니다. 장로님은 자신이 맡은 일에 관해서는 냉철하지만, 동시에 따뜻한 마음을 갖고 있습니다. 또 현실을 넓게 바라보는 큰 눈을 가지고 있으면서도, 동시에 일상의 작은 순간들에서 깊은 통찰을 발견하는 분입니다.
　이 책에서도 그러한 모습이 고스란히 드러납니다. 대표적으로 책의 첫 표지를 열면, 미켈란젤로의 다윗상에 관한 이야기가 나옵니다. 이 다윗상을 보며 자신의 삶을 통찰하는 대목에서 부터, 장로님의 따뜻한 마음씨와 일상에서의 깊은 통찰이 고스란히 드러납니다. 그 뒤에도 이런 모습이 많이 나옵니다. 하지만 깊은 감동은 독자들의 몫으로 남기기 위하여, 이 정도까지만 이야기하려고 합니다.
　이 책을 결론적으로 이야기하면, 마치 숙련된 원예사가 자신의 정원에서 자란 꽃 한 송이 한 송이를 소중히 여기며 그 아름다움과 의미를 발견하듯, 장로님은 자신의 삶 속에서 만난 모든 순간들을 하나님의 은혜라는

추천의 글

렌즈로 바라보며 의미를 찾아내고 있습니다. 아내와의 첫 만남에서부터 마지막 순간까지, 그리고 일터에서의 크고 작은 경험들까지, 모든 것이 하나님의 섭리 안에서 아름답게 조화를 이루고 있습니다.

그런 점에서 이 책은 단순한 회고록이 아닙니다. 사랑하는 이를 먼저 보낸 이의 아픔을 딛고 일어선 신앙의 증언이며, 평범한 일상 속에서 하나님의 손길을 발견하는 영성의 기록입니다. 특히 예수동행일기를 통한 마음 관리, '아름다운 마음들이 모여서' 만드는 공동체에 대한 비전까지, 신앙의 실제적 적용에 대한 구체적 지혜가 담겨 있습니다.

그래서 자신있게 말씀드립니다. 삶에 흥미가 없으시다면, 이 책을 한 번 읽어보시라고 말입니다. 읽기 시작하면, 감동이 밀려올 것입니다. 그 감동을 많은 분들이 함께 느끼셨으면 좋겠습니다. 장로님의 따뜻한 마음과 깊은 통찰이 독자 여러분의 삶에도 새로운 의미와 희망을 선사할 것이라 확신합니다.

정성욱 교수
덴버신학교 조직신학 교수 및 Korean Global Campus 학장

      김세대 장로님의 부인이셨던 고 조미정 권사님은 제 생애 동안 가장 강한 인상을 남기신 분들 중 한 분이었습니다. 언제나 거룩한 에너지가 넘치셨고, 그 생각과 비전도 웅장했습니다. 외모만 아름다운 것이 아니라, 내면까지도 사랑과 친절로 충만한 분이셨습니다. 아직까지도 제 뇌리에는 권사님의 상냥하면서도 힘찬 음성이 들리는 듯 합니다.
  그런 권사님께서 갑자기 별세하셨다는 황망한 소식을 접한지 1년 반이 지났습니다. 장로님께서 어떻게 슬픔을 이기시고, 극복하실까 많은 염려를 했습니다. 그러나 본서를 읽고 난 후 그 염려가 완전히 사라졌습니다. 마침내 장로님께서 권사님과 함께 하셨던 삶의 여정을 주님의 관점에서 정확하게 해석해 내신 고백을 들었기 때문입니다. 그래서 본서는 저에게 희망과 축복의 메시지가 되었습니다.
  본서는 조미정 권사님을 통해서 장로님의 삶을 아름답게 조각해오신 하나님의 은혜와 사랑을 노래하고 있습니다. 다이아몬드의 원석을 발견하고, 그 원석을 다듬어 최고의 걸작품을 만들어낸 권사님의 희생과 헌신을 그려내고 있습니다. 동시에 덴버신학교 Korean Global Campus 석사 과정 제 1기 졸업생으로서 장로님이 체득하신 심오한 통찰과 깊은 지혜가 담겨 있습니다. 특별히 인생의 후배들과 청년들에

추천의 글

대한 장로님의 특별한 애정이 곳곳에 드러나고 있습니다.

희망을 잃고 사망의 음침한 골짜기와 절망 속에 방황하는 젊은이들에게 본서를 꼭 읽어보라고 권하고 싶습니다. 불신자 남편을 위해서 눈물로 기도하고 있는 자매들이 꼭 읽어 보기를 바랍니다. 그리고 성경적인 신앙, 균형잡힌 삶, 주님과 동행하는 영성을 추구하는 모든 믿음의 동지들이 꼭 읽어봤으면 좋겠습니다. 본서를 통해 새로운 일을 행하실 주님을 기대합니다. 부디 들고 읽으십시오 tolle et lege. 본서를 통해서 주님을 새롭게 만나게 될 것입니다.

김승회 목사
예수동행교회 담임목사

　　예수님과 동행하는 삶의 증인을 찾아보기는 그리 어렵지 않습니다. 그 이유는 가정에서, 교회에서, 세상 속에서 예수님과 함께 살아가는 삶을 살고 계신 김세대 장로님을 만나 볼 수 있기 때문입니다.

　그런 장로님을 빚어낸 여류 조각가의 삶을 읽어 내려가는 것은 참 기쁘고 행복한 일이었습니다. 글을 읽으면서 멈출 수가 없었습니다. 장로님의 인생을 하나님과 함께 빚어낸 조미정 권사님의 삶을 통해, 참된 사랑의 의미와 사람을 세워 나가는 과정을 바라보면서 "그렇지, 그렇지…"하며 깊은 감동을 받았습니다.

　조미정 권사님을 만나보신 분은 그 상냥함과 깊은 사랑을 잊지 못할 것입니다. 언제나 주님의 사랑을 품고 사시는 분이셨습니다. 장로님 만이 아니라, 저를 비롯한 많은 이들을 하나님의 사랑으로 보듬어 주셨습니다.

　이 책은 한 남자를 빚어낸 한 여류 조각가의 이야기만이 아닙니다. 젊은이들이 세상 한복판에서 어떻게 그리스도인으로 살아야 하는가? 일과 영성의 균형을 어떻게 이루며 살아야 하는가? 등에 대한 삶의 지혜와 경험을 나누며, 이 땅의 젊은이들을 다듬어 나가는 한 남자 조각가의 이야기이기도 합니다.

추천의 글

또한, 우리 인간 한 사람 한 사람을 창조의 원형으로 회복시켜 나가는 하나님의 역사에 관한 이야기이기도 합니다. 예수님과 함께 이웃을 마음껏 사랑하면서 겸손하게 살아가신 어느 부부의 아름다운 삶의 이야기 자리에 여러분을 기쁨으로 초대합니다.

"나는 거대한 대리석을 마주하는 순간 그 안에 이미 다윗상이 존재하는 것처럼 보였다" 미켈란젤로의 이 말처럼 하나님께서는 우리 각자를 당신의 걸작품으로 빚어가고 계십니다. 김세대 장로님의 이 책은 바로 그 놀라운 조각 과정에 대한 감동적인 증언입니다.

김다위 목사
선한목자교회 담임목사

　　김세대 장로님을 처음 만난 것은 벌써 20여 년도 더 전의 일입니다. 그리고 제가 미국에 있다가 돌아온 2021년 이후 다시 그때부터 지금까지 장로님의 삶을 직간접적으로 지켜보며 교회에서, 사회에서 섬기는 자의 모습으로 살아오신 장로님을 목격할 수 있었습니다. 특히 故 조미정 권사님이 장로님을 믿음으로 이끌어 주신 과정은 참으로 경이로웠습니다. "교회에 다니면 결혼하겠다"는 단순한 조건으로 시작된 만남이 한 사람을 하나님의 자녀로 거듭나게 하고 교회의 든든한 기둥으로 세워가는 놀라운 역사가 되었습니다. 권사님은 늘 겸손하고 온화한 미소를 잃지 않으시면서도 장로님을 향한 사랑과 믿음의 확신만큼은 누구보다 분명하셨습니다. 교회 행사 때마다 묵묵히 뒤에서 섬기시던 모습, 장로님이 하나님의 일에 쓰임 받을 수 있도록 기도로 후원하시던 모습을 생생히 기억합니다. 권사님은 정말 하나님께서 보내주신 '여류 조각가'였습니다. 더욱 감동적인 것은 장로님께서 12년간 거의 하루도 빠짐없이 써오신 예수동행일기입니다. 4,500회가 넘는 그 일기들은 단순한 기록이 아니라, 예수님과의 인격적 만남과 동행의 증거들입니다. 매일 저녁 하나님의 말씀을 거울삼아 하루를 돌아보고 마음의 쓰레기를 버리

추천의 글

며, 다시 주님께로 나아가는 그 성실함 속에서 저는 진정한 그리스도인의 모습을 봅니다.

2023년 성탄절, 권사님을 하늘나라로 먼저 보내드린 후 장로님의 깊은 슬픔을 곁에서 지켜보며 마음이 아팠습니다. 하지만 이렇게 아름다운 책으로 권사님에 대한 감사와 사랑을 표현하시는 장로님의 모습에서 저는 또 다른 은혜를 발견하게 됩니다. 사랑하는 이를 떠나보내는 아픔 속에서도 하나님의 손길을 인정하고 감사할 수 있는 믿음, 그것이야말로 권사님이 장로님께 남겨주신 가장 소중한 유산이 아닐까 합니다. 이 책은 단순한 회고록이 아닙니다. 한 사람의 영적 여정을 통해 하나님의 놀라운 섭리와 은혜를 증거하는 신앙 고백서입니다. 믿음과 삶의 일치를 고민하는 모든 성도들에게, 그리고 부부로서 서로를 하나님의 걸작품으로 빚어가기를 원하는 모든 가정에게 이 책을 진심으로 추천합니다.

"조미정 권사! 당신은 나에게서 하나님의 걸작품을 이끌어 내는 탁월한 능력을 가진 사람이었소. 고맙소!" 이 고백이 주님과 함께 천국에 계신 권사님께 전해지기를 그리고 이 책을 통해 더 많은 이들이 하나님의 조각하시는 손길을 경험하게 되기를 기도합니다.

서문

      2025년 2월, 나는 남프랑스와 이탈리아로 여행을 다녀왔다. 파리 공항을 경유하여 마르세유 공항에 도착한 후 하루를 묵고, 남프랑스와 이탈리아의 여러 도시를 탐방하였다. 여행 중 마주한 대부분의 도시에는 웅장한 대리석 성당이 자리하고 있었고, 성당 벽면과 천장에는 아름답고 경건한 성화들이 그려져 있었으며, 대리석으로 조각된 조각상들이 유난히 눈에 띄었다.

  그중에서도 미켈란젤로의 작품인 다윗상은 단연 가장 인상 깊었다. 그림으로만 보아오던 이 유명한 작품을 실제로 마주하니 그 감동은 말로 표현할 수 없었다. 미켈란젤로가 조각을 가장 수준 높은 예술 영역으로 여겼던 이유는, 인간이라는 하나님의 창조물을 가장 원형에 가깝게 표현할 수 있다고 믿었기 때문이라고 한다. 거칠고 투박한 대리석이 그의 손을 거쳐 마침내 위대한 걸작으로 탄생하게 된 것이다. 미켈란젤로는 이렇게 말했다고 전해진다.

"나는 거대한 대리석을 마주하는 순간, 그 안에 이미 다윗상이 존재하는 것처럼 보였다. 내 눈에 보이는 다윗상을 다른 사람들도 볼 수 있도록, 그 멋진 모습을 가리고 있던 거친 면을 하나하나 다듬어가며 완성하였다."

  이 말을 여행 가이드에게 들은 순간, 나는 아내의 지난 삶을 전혀 다른 시각으로 바라보게 되는 놀라운 경험을 하게 되었다. 지금은 내 곁을 떠난 아내이지만, 살아 있을 때는 생각하지 못했던 깨달음이 찾아온 것이다. 마치 미켈란젤로가 거친 대리석을 다듬어 위대한 작품을 만들어 낸 것처럼, 나의 아내도 거칠고 들쭉날쭉한 나를 하나님의 창조된 원형에 가깝게 다듬어 준 하나님의 대리자요, 여류 조각가였다는 생각이 깊이 마음을 사로잡았다.

같이 있을 때는 몰랐다. 아내가 내 곁을 떠난 후, 이제서야 그녀의 삶이 가진 진정한 의미와 가치를 깨닫게 되었다. 나는 이것을 그냥 흘러가도록 내버려둬선 안 될 것만 같았다. 나의 조각가였던 아내의 삶을 다시 조명하고 기록하는 것이 이제 내 몫이라는 생각이 들었다. 함께 있을 때 미처 전하지 못했던 '고맙다'는 말을 이 책을 통해서라도 꼭 전하고 싶다. 아내는 지금 하나님의 곁에서 평안히 지내고 있으리라 믿지만, 여전히 내 곁에 있는 것만 같다. 이제는 진심을 담아 고마움을 전하고, 편안한 마음으로 그녀를 보내주어야 할 것 같다.

앞부분은, 한 여성이 거칠고 부족한 한 남자를 운명적으로 만나 그를 하나님의 창조하신 원형으로 다듬어가는 과정을 담았다. 하나님은 우리 각 사람을 천하보다 귀한 걸작품으로 창조하셨다. 우리가 만나는 모든 사람은 불완전한 존재들이다. 죄로 인해 얼룩지고 상처 입은 걸작품들이지만, 그 망가진 틈 사이로 우리는 하나님이 창조하셨던 원형을 볼 수 있다.

하나님은 희망이 없어 보이던 나를 생명을 전하는 자로 회복시키기를 원하셨고, 나는 하나님의 자녀가 되기를 결단했다. 아내는 하나님을 대신하여 나의 회복 작업에 적극적으로 참여했고, 나는 하나님의 위대한 회복 프로젝트에 함께할 수 있었다.

지금도 하나님은 망가진 걸작들을 복원하고 새롭게 하시는 일을 계속하고 계신다. 우리는 만나는 모든 사람들에게 하나님의 회복 작업에 함께하도록 도와주는 '하나님의 대리인' 역할을 감당해야 한다. 특히 배우자나 가족을 향한 이 역할은 더욱 완벽히 수행되어야 한다. 무엇보다도 먼저 우리 스스로가 하나님의 회복 사역에 동행하는 것이 가장 중요한 과제다.

중간 부분은, 비록 미완성품이었지만 있는 모습 그대로 이웃을 섬겼던 일들과 나의 생각들을 정리해 보았다. 믿음의 청년들을 키우기 위해 아카데미를 설립하여 운영했던 일, 전방 사단 전역학교를 위탁 받아 운영했던 일, 신학 공부를 시작하면서 강단에서 말씀을 전하거나 세미나를 진행했던 일, 예수동행운동에 참여했던 일들을 기록했다.

나의 주요 관심사는 믿음 생활과 직장 생활을 조화롭게 일체화시키는 삶의 지혜에 관한 것이었다. '오늘날 기독교인에 대한 비기독교인의 인식'에 관한 조사를 본 적이 있다. 한국뿐 아니라 북미와 유럽에서도 비슷한 결과가 나온다. 대체로 "이기적이다, 교만하다, 옹졸하다, 남을 잘 판단한다, 위선적이다, 편견을 가지고 있다"는 인식이 대부분이다. 나 역

서문

시 공감하는 부분이 많았다.

이러한 인식의 근본 원인은 믿음 생활과 일터에서의 삶이 일치되지 않기 때문이라 생각한다. 오랜 직장 생활을 하며 나도 그 이중성을 많이 목격했고, 나 자신도 그런 모습을 가지고 있었다. 이러한 모습은 결국 이 땅에서 복음을 전하는 데 가장 큰 걸림돌이 된다.

이런 현실이 안타까워 신학을 공부하게 되었고, '믿음과 삶의 일치'라는 주제에 깊은 관심을 가지게 되었다. 석사 논문에서도 '일과 영성의 일치'를 주제로 삼았다.

마지막 부분은, 아내 조미정 권사와의 이별의 순간을 적었다. 아내와의 만남은 나의 삶 전체를 바꾼 최고의 순간이었다. 아내를 통해 나는 하나님을 만나게 되었고, 하나님의 자녀로 새롭게 태어났다. 믿음과 일터가 일체화된 삶을 살고자 애썼으며, 그저 '작은 믿음과 일터에서의 작은 섬김'의 일체화가 아닌, '큰 믿음과 일터에서의 큰 섬김'이 만나는 높은 수준의 일체화를 갈망하며 살아왔다.

이러한 나의 삶의 여정 가운데 부어 주셨던 하나님의 크나큰 은혜에 감사를 드린다. 지금도 내 곁에서 열심히 살아가는 세 자녀와 두 사위 그리고 사랑스런 손자, 손녀도 고맙다. 그리고 사랑하는 아내이자 나의 조각가였던 조미정 권사에게도 이 책을 통해 고마움을 전하고자 한다.

"조미정 권사! 당신은 나에게서 하나님의 걸작품을 이끌어 내는 탁월한 능력을 가진 사람이었소. 고맙소"

차례

추천의 글 **4**

서문 **14**

하나
나의 조각가, 아내 조미정

어느 조각가와의 운명적 만남 **22**
조각가와의 결혼 **27**

둘
조각품은 고통 속에서 다듬어진다

문화적 차이로 인한 충돌 **34**
10대 종손 며느리의 조각 작업 **37**
거칠고 우유부단한 남편을 **43**
가난한 남편을 **46**
고난이도 작업은 예수님께 맡기며 **50**

셋
미완성인채로 전시된 삶

청년 아카데미를 설립하다 **54**

전방 사단 전역학교를 운영하다 **58**

신학을 공부하다 **61**

삶의 지혜와 경험을 나누다 **66**

예수동행운동을 만나다 **69**

넷
미완성인채로 가졌던 생각들

하나님의 자녀 그리고 세상 속의 나 **76**

믿음으로 사는 새로운 삶이란? **84**

세상 속의 매력적인 그리스도인이란? **95**

아름다운 마음들이 모여서 **103**

한국 크리스천 청년들을 위한 제언 **109**

다섯
걸작은 하늘에서 완성될 것이다

조각가의 망치와 끌이 멈춰버렸다 **122**

걸작의 완성을 소망한다 **126**

끝 맺으며 **128**

하나

나의 조각가,
아내 조미정

어느 조각가와의
운명적 만남

　　　　　1980년 봄으로 기억한다. 군복무를 마치고 곧바로 대학교에 복학했다. 2년여 군 생활을 하는 동안 집안 형편은 급격히 나빠졌고, 부모님은 부산 동래구에 있던 단독주택을 매각하고 단칸방으로 거처를 옮기셨다. 나는 간신히 등록금을 마련해 서울로 올라왔지만, 하숙을 할 여유는 없었다. 학교와는 거리가 있었지만 도보로 통학이 가능한 성북구 삼선동의 허름한 문간방을 월세로 얻어 서울 생활을 시작했다. 인근 재래시장에서 노란 양은 냄비, 쌀 한 봉지, 간단한 먹거리와 연탄 몇 장 등을 사들이고 나홀로 생활을 준비했다. 그렇게 재대 후 또다시 서울에서의 자립이 시작되었다.

　성균관대학교 뒷문을 나오면 세월의 흔적을 머금은 고즈넉한 달동네가 펼쳐진다. 어느 날 수업을 마치고, 군 입대 전 하숙하던 집을 찾아 하숙집 아주머니께 인사를 드린 후 북한산 자락을 따라 산을 올랐다. 어느 지점에 이르자 서울 시내가 한눈에 들어왔다. 저녁 무렵이었던 것 같다. 잠시 바위에 앉아 노을을 바라보며 지나온 삶을 돌아보고, 앞으로의 미래를 그려 보았다. 그러나 이 넓은 서울 땅에 나를 편히 누일 자리 하나 없다는 현실이 가슴 깊이 다가왔다. 가난의 의미를 실감하는 순간이었다.

비록 가난한 시절을 겪었지만, 내게는 '가난으로 인한 트라우마'는 없었다. 나는 경북 안동시 길안면에서 태어나 자랐다. 그 시절 우리집은 면에서 가장 부유한 집이었다. 큰 간판이 걸려 있는 '영신백화점'과 함께 주유소도 운영하셨다. 농사 규모도 상당했으며, 집안일을 도와주는 머슴과 식모(당시 표현을 그대로 사용함)로 불리던 분들과 함께 살았다. 아버님은 지역 주민들을 위해 영화관도 설립하셨고, 발전기를 돌려 저녁마다 마을 사람들에게 영화를 보여주셨다. 면 전체에서 유일하게 전등을 밝힐 수 있었던 우리집에서, 나는 사랑을 듬뿍 받으며 자랐다. 그런 기억 덕분에 내 안에는 가난에 대한 부정적인 감정이 없었으니 이 또한 감사한 일이다.

여하튼, 복학생으로서의 삶이 그렇게 시작되었다. 학교 캠퍼스에서 고등학교 동창들을 만났고, 그중 한 명이 내 형편을 듣고는 함께 자취하자고 제안했다. 그의 자취방은 내 방보다 훨씬 좋은 환경이었고, 그렇게 한 달 만에 같이 지내게 되었다. 하지만 그의 생활 패턴은 나와 너무 달라 오래 함께할 수 없었고, 나는 외국어대학교에 다니던 또 다른 친구의 자취방으로 옮겼다. 갈 곳 없던 나를 기꺼이 받아준 친구가 참 고마웠다. 지금도 감사한 마음을 늘 품고 있다.

어느 날 수업을 마치고 자취방으로 돌아왔는데, 함께 자취하던 친구가 어린아이를 업은 젊은 여성과 함께 들어왔다. 나중에 알게 된 사실인데, 친구는 길에서 우연히 그녀를 만났다고 한다. 그녀는 경남여고 출신으로 전교학생회장을 지냈다고 했다. 그녀는 자기 여동생이 있으니 좋은 총각이 있으면 소개해 달라고 했고, 친구는 자취방에 괜찮은 총각이 있다며 나를 소개하기 위해 같이 온 것이었다.

그녀는 자기 여동생을 한 번 만나보라고 했는데, 나는 별로 관심이 없어 즉답을 피했다. 그런데 그녀가 돌직구처럼 던진 한 마디, "내 동생은 나보다 훨씬 예쁩니다. 나중에 후회하지 마세요"라는 말이 내 마음에 깊이 박혔다. 결국 약속을 잡고 만나보기로 했다.

며칠 뒤, 약속한 카페에 나갔다. 소개한 언니는 아직 도착하지 않았고, 여동생이 먼저 와 있었다. 자매답게 언니와 닮은 모습 덕분에 금세 알아볼 수 있었다. 그녀를 보는 순간, 나는 정신을 차릴 수 없었다. 큰 눈, 선명한 이목구비, 눈부신 미소, 맑은 음성. 모든 것이 나를 사로잡았다. 고상한 품격과 매력을 지닌 그녀의 모습은 찬란한 광채처럼 빛났다.

우리는 언니가 오기 전, 대화를 방해받지 않기 위해 자리를 옮겨 서로에 대해 알아가는 시간을 보냈다. 그때 내가 무슨 말을 했는지는 기억나지 않는다. 그저 좋아서 마음이 들떠 안절부절 못했던 것만 기억이 난다.

첫 만남 후 3일 뒤 다시 만나기로 했지만, 하루가 지나자 그녀가 너무 보고 싶어 도저히 이틀을 기다릴 수가 없었다. 그 당시에는 휴대폰과 같은 연락할 방법이 없었기에 직접 찾는 방법이 유일한 길이었다. 성악을 전공했고 경희대 앞 학원에서 일한다는 정보를 바탕으로, 자취방 친구를 졸라 함께 경희대 인근 학원가를 뒤졌지만 결국 만나지 못했다.

다행히 약속한 날 우리는 다시 만났다. 그렇게 우리의 운명적인 만남은 시작되었다. 그 당시에는 미국 유학이 대학생들 사이에서 하나의 유행처럼 번지고 있었다. 나도 경제적으로 어렵지만 열심히 준비하면 길이 열리리라는 막연한 기대를 품고 유학을 준비했다. 당시 외국어대학교에 다니는 친구의 학생증을 빌려 매일 밤 도서관에서 유학 준비를 위해 공부했고, 여자 친구는 매일 저녁 손수 준비한 김밥을 싸와 캠퍼스 벤치에서 함께 나눠 먹으며 데이트를 즐겼다. 유학 공부보다는 여자 친구와의 함께 하는 시간이 더 좋아 공부는 뒷전으로 밀리게 되었고, 결국 유학은 포기하게 되었다. 매일 같이 만나 하루도 보지 않으면 견디기 어려울 만큼 열정적인 사랑을 이어갔다.

그 무렵의 나는 초라했다. 먹을 것도 부족해 몹시 야위었고, 변변한 옷이나 신발도 없었다. 세련된 모습의 여자 친구와 폼나게 차려입고 비슷한 분위기를 맞추어 어울리고 싶은 마음은 간절했지만 내게는 불가능한 일이었다. 그러나 그녀를 만난 후, 내 삶에 활기가 돌기 시작했다. 따뜻한 봄날 새싹이 돋아나듯, 어두웠던 내 삶에도 기쁨의 새싹이 피어나기 시작했다.

방학이 되어 부산 집으로 내려갔고, 여자 친구는 외갓집이 부산이라며 나를 만나러 왔다. 함께 남포동 거리를 걷다 보면 그녀의 아름다움에 사람들이 시선을 돌렸다. 나는 친구들에게 은근히 자랑도 하며 폼을 잡았다.

어느 날, 친구의 생일을 맞아 약 20여 명이 모인 생일 파티에 그녀와 함께 참석했다. 그녀는 친구들의 요청으로 가곡 '보리밭'을 불렀다. 이어 앙콜 곡까지 부른 그녀는 모든 친구의 부러움을 샀고, 나 역시 감격스러웠다. 그날 그녀가 부른 보리밭의 가사와 서정적인 멜로디, 그리고 그녀의 맑은 목소리는 아직도 선명히 기억에 남아 있다.

보리밭

보리밭 사잇길로 걸어가면
뉘 부르는 소리 있어 나를 멈춘다
옛 생각이 외로워 휘파람 불면
고운 노래 귓가에 들려온다
돌아보면 아무도 보이지 않고
저녁놀 빈 하늘만 눈에 차누나

또 다른 날, 친한 친구들의 저녁 식사 초대로 함께 남포동의 한 카페를 찾았다. 카페 안에는 그랜드 피아노가 있었고, 짓궂은 친구들의 요청으로 그녀는 피아노를 치며 노래를 부르는 일이 있었다. 그녀의 아름다운 목소리에 감동받아 손님들 모두가 기립 박수를 보냈고, 나는 어깨가 절로 올라갔다.

나의 여자 친구, 조미정은 언제 어디서나 나의 가치를 높여주는 든든한 파트너였다. 내 삶을 조각해 준, 진정한 조각가였다.

조각가와의 결혼

조미정 자매, 나의 조각가를 만난 이후, 내 인생의 방향은 완전히 바뀌었다. 준비하던 미국 유학 계획을 포기했고, 대학 졸업 후 취직하면 바로 결혼하자고 약속했다.

앞서 언급했듯, 그 당시 나의 모습은 말 그대로 형편없었다. 집안 형편도 무척 어려웠고 가족 구성 또한 복잡했다. 한국전쟁의 혼란 속에서, 어머니는 유복자 아들을 둔 채 남편을 여의셨고, 아버지는 딸 하나를 두고 계셨다. 두 분은 각각 자녀를 데리고 재혼하셨고, 그 후 두 누님에 이어 내가 태어났다. 나는 안동의 이른바 양반 가문에서 10대 종손으로 태어난 사람이었다.

내 출생은 온 집안의 큰 경사였고, 동네 잔치가 벌어졌다고 한다. 아직도 기억이 선명하다. 큰 한옥에서 4대가 함께 살던 시절, 초등학교 입학 전 아침 식사 때면 증조할아버지부터 시작해 4대가 한 상에 둘러앉았고, 나는 증조할아버지의 특별한 사랑을 받으며 자랐다. 그러나 10대 종손으로서의 무게감과 복잡한 가족 구성에서 오는 부담은 어린 나에게도 심리적 압박으로 다가왔다. 이를 지켜보던 여자친구의 마음도 복잡했으리라. 나는 무엇 하나 좋은 조건을 갖추지 못했다.

여자친구의 어머니는 사십대 후반에 남편을 여의신 후, 큰딸의 가사와 자녀 양육을 도우며 생활하셨다. 그런 상황에서, 작은딸이 어느 날 볼품없는 청년을 데려와 결혼하겠다고 선언했으니 얼마나 당황스럽고 황당했을지 이해가 된다. 나라도 그랬을 것이다. 하지만 주변의 우려와 반대에도 불구하고 그녀는 결혼 의지를 굽히지 않았다. 지금 생각해도 참 고마운 일이다.

1982년 7월, 나는 대학을 졸업하고 SK 그룹에 공채 신입사원으로 입사하게 되었다. 여러모로 부족한 나였지만, 서류 전형, 실기 시험, 최종 면접까지 합격했다. 그런데 한 가지 심각한 문제가 생겼다. 신체검사 결과, 폐에 이상 소견이 있다는 통보와 함께 재검 지시가 내려온 것이다. 재검에 통과하지 못하면 채용이 취소된다는 안내도 함께 받았다. 그 순간 여자친구가 나에게 했던 말이 아직도 생생하다.

"너무 걱정하지 말아요. 그리고 우리 그냥 결혼해요. 그래야 건강도 함께 챙길 수 있으니까요."

잘난 것도 없는 내가 폐병까지 의심받았으니, 그녀에게 그저 미안하고 고마운 마음뿐이었다. 다행히 재검에서는 폐결핵의 흔적은 있지만 현재는 완치된 상태라는 판정을 받고 무사히 입사할 수 있었다. 우리는 약속대로, 입사 두 달 만인 1982년 9월 25일, 그녀가 다니던 명륜동 교회에서 결혼식을 올렸다. 목사님의 주례로 결혼 예배를 드렸고, 우리는 공식적인 부부가 되었다.

결혼 며칠 전, 아내가 웨딩 사진을 찍자고 했다. 나는 사치스럽다며 강하게 반대했다. 결국 그녀가 계속 설득하자, '사진을 꼭 찍어야겠다면 결혼하지 않겠다'라고까지 말했던 기억이 난다. 참으로 부끄럽고 속 좁았던 내 모습이었다. 결국 결혼 직전 성균관대 캠퍼스에서 몇 장 사진을 찍은 것이 전부였다.

결혼식 날, 처가 쪽 하객들은 대부분 서울이나 대도시에 거주하며 사회적으로 안정된 분들이었다. 반면 신랑 측 하객들은 대부분 안동 등 시골에서 농사를 짓는 친척들이었다. 종손이 서울에서 결혼한다는 소식에, 정장을 갖춰 입고 기쁜 마음으로 참석해 주셨지만, 평소 익숙하지 않은 옷차림이라 어색한 모습도 보였다. 세련된 외모는 처가 측 하객들, 검게 탄 얼굴과 다소 어색한 복장은 신랑 측 친지들의 모습이었다. 그러나 종손이 결혼한다는 기쁨에, 그 검고 깊게 패인 주름 사이로 환하게 웃으시던 모습은 지금도 내 눈에 선하다.

워낙 가진 게 없어 신혼집 마련도 녹록치 않았다. 아내는 서울에서 가장 저렴한 지역의 신축 빌라를 전세로 구했다. 부족한 전세 자금은 장모님과 숙부님의 도움으로 간신히 마련했다. 엘리베이터 없는 4층 빌라에 연탄보일러로 난방을 하던 집이었지만, 우리 부부가 함께 처음으로 마련한 보금자리였기에 무척 행복했다. 우리는 이렇게 함께 하는 삶을 시작했다.

돌이켜보면, 나의 조각가 조미정 자매를 만나지 않았다면 내 삶은 매우 고달프고 엉망이 되었을 것이다. 미국 유학을 준비하고 있었지만 그 길은 결코 쉽지 않았을 것이며, 설령 어렵게 유학을 떠나더라도 아무런 경제적 지원 없이 공부를 이어가는 일은 버거웠을 것이고, 게다가 박사 학위를 마친다 해도 교수로서의 길 또한 만만치 않았을 것이다. 이 모든 가능성과 경우의 수를 비교해 보아도, 조미정 자매와 함께 걸어온 지금의 삶이야말로 나에게 주어진 최고의 여정이었다. 그래서 나는 참 고맙고, 또 감사하다.

둘

조각품은 고통 속에서 다듬어진다

문화적 차이로 인한 충돌

　　　　교회에서 결혼 예식을 마치고 신혼여행을 떠났다. 경제적으로 어려운 형편이라 해외여행은 꿈도 꾸지 못했고, 온양 온천으로 신혼여행을 가게 되었다. 감사하게도 회사 직속 상사였던 과장님께서 회사 차량과 운전기사를 보내주셨다. 나의 첫 상사였던 그 과장님은 이후 30여 년의 회사 생활 동안 직장 멘토로서 나에게 큰 사랑을 베풀어주신 분이다. 지금도 가끔 뵙고 있지만, 여전히 감사하고 고마운 마음뿐이다. 아내를 먼저 보낸 이후, 내가 제대로 살아갈 수 있을지 늘 염려해 주시는 분이기도 하다.

　온양 온천에서 이틀을 보내고 우리는 나의 고향, 안동시 임하면에 거주하셨던 오촌 숙부님 댁을 방문했다. 10대 종손으로서 조상 산소에 가서 결혼 신고를 해야 한다는 부모님의 요청에 순종하는 마음으로 함께 길을 나섰다. 아내를 데리고 험한 산길을 오르내리며 고조할아버지, 증조할아버지, 할아버지 내외분 산소를 찾아 인사를 드렸다. 지금 생각하면 어처구니없는 일이었지만, 그 당시엔 당연히 해야 할 일이라 여겼다. 아내도 특별한 반대 없이 나의 판단을 따라주었다. 그러나 오랜 세월 함께 살아오며, 아내는 그때 일을 두고 여러 번 '너무했다'고 말하곤 했다.

   신혼여행에서 돌아온 후, 우리의 신혼생활은 참으로 행복했다. 하지만 시간이 지나며 양가 집안의 문화적 차이로 인한 충돌이 하나둘씩 생기기 시작했다. 아내의 집안은 일찍 주님을 영접하였고, 신식 교육과 문화를 받아들인, 이른바 '엘리트' 가정이었다. 반면, 우리 집안은 안동 양반가로서 신식 문화를 받아들이기보다는 유교 문화와 전통 예절, 충효 사상을 중요시하는 분위기였다. 이러한 극단적인 문화 가치관의 차이로 인해 신혼 초부터 갈등이 적지 않았다. 나 역시 유교 문화의 그늘에서 자라났기에 서로의 가치관 충돌은 불가피했다. 장인어른께서도 일찍 세상을 떠나셔서 장모님이 혼자 자녀들의 결혼까지 도맡아 감당하셨다. 그런 배경 속에서 아내는 가부장적 질서보다는 어머니 중심의 가정 문화에 익숙해졌을 것이다. 그러나 나는 김씨 가문인 시가가 우선되어야 한다는 생각을 가지고 있었고, 아내는 그런 내 생각에 전혀 동의하지 않았다. 이 '양가 우선 순위'에 대한 서로 다른 기준은 부부 갈등의 주요 원인이 되기도 했다.

   오랜 시간 문화적 차이로 인한 갈등이 있었지만, 믿음 생활을 하면서 주님께서 그런 갈등을 이겨낼 지혜를 주셨다. '이웃을 사랑하라'는 말씀은 오히려 나에게 깊은 훈련의 시간이 되었고, 결과적으로 큰 축복이 되었다. 어느 순간부터는 오히려 처갓집 식구들을 더 잘 섬겨야겠다는 마음이 생겼다. 처갓집 경조사에는 가능하면 모두 참석했다. 젊을 때는 경제적 여유가 없어 제대로 섬기지 못했지만, 형편이 좋아진 후에는 처갓집 어른들을 정성껏 대접하려 애썼다. 어버이날이면 처삼촌, 고모님 부부를 워커힐 호텔에 모시고 식사를 대접하기도 했다. 동시에 나는 장손으로서의 역할도 충실히 감당하려 노력했다. 친가의 경조사를 챙기고, 조상 산소를 돌보는 일도 게을리하지 않았다. 아버님께서 너무 일찍 돌아가셨기에, 나는 30대 중반에 장손의 책임을 떠맡게 되었고, 매년 추석 무렵 고향에 내려가 사촌들과 함께 산소를 정비하는 일도 계속했다.

이런 집안일에 아내는 단 한 번도 반대한 적이 없었다. 결국 나는 친가도, 처가도 함께 섬기는 훈련을 아내를 통해 배우게 되었다. 지금 생각해 보면, 하나님께서는 아내를 통해 '이웃 사랑을 온전히 실천하는 사람'으로 나를 다듬어 주셨음을 고백하게 된다.

앞에서도 언급했듯, 결혼 당시의 나는 정말 초라했다. 가정 형편도 너무 어려웠고, 제대로 먹지도 못해 몰골도 말이 아니었다. 집안 분위기도 판이했고, 종교적 배경도 달랐다. 나에게는 장래를 보장해 줄 만한 어떤 조건도 없었다. 이제 나이가 들어 돌아보니, 그 모든 조건을 뒤로하고 부족하기 짝이 없는 나를 가족으로 받아주고 인정해 주었던 처갓집 식구들, 장모님, 아내의 형제들, 그리고 처삼촌과 고모님들께 진심으로 감사한 마음을 전하고 싶다.

10대 종손 며느리의
조각 작업

        1991년 봄, 내가 회사에서는 서른 여섯에 과장이 되었던 그 무렵, 아버지께서 세상을 떠나셨다. 평소 건강하셨던 아버지는 위암 판정을 받고 항암 치료를 하시면서 몸이 쇠약해지셔서 경남 밀양의 조그마한 시골 마을에 전원주택을 마련하여 어머님과 단란하게 지내고 계셨다. 갑작스러운 아버님의 병환 소식을 전해 듣고 형제들이 부산에 모였다. 저녁 식사를 하며 한없이 울었던 기억이 난다.

  아버지는 유독 큰아들인 나를 사랑하시고 자랑스러워하셨다. 참으로 인자하신 분이셨다. 주변에 아버님을 싫어하는 사람은 거의 없었다. 건강하시고 인물도 좋으셨다. 젊은 시절에는 동네 씨름 대회에서 우승하셔서 송아지를 상품으로 받았고, 증조할아버지는 손자가 자랑스럽다며 소 한 마리를 잡아 동네 잔치를 열었다는 이야기를 들은 적이 있다.

  내가 회사에 입사하고 결혼한 후, 부모님은 아들이 보고 싶으셔서 상경하셨다. 회사 건물 로비에서 내려오라는 전화를 받고 부모님을 뵈었다. 평소 말씀이 적으셨던 아버님께서 어머님께 나지막하게 '우리 아들이 제일 멋지다'라고 하셨던 말씀이 아직도 내 기억에 남아 있다.

  아버님은 1년에 12번의 제사를 드리셨다. 아버지 기준으로 5대 조상까지의 제사를 드렸고, 설과 추석 제사를 포함한 횟수였다. 그러나 아버님이 위암으로 투병하시며 제사를 직접 드릴 수 없는 상황이 되었다. 그때부터 제사는 종손인 나의 몫으로 다가왔다. 나는 회사에서 조금 일찍 퇴근해 무궁화호를 타고 4시간을 달려 밀양으로 가 제사를 드리고, 다시 야간 열차를 타고 서울로 돌아와 출근하는 생활을 2년간 반복했다. 평생 제사를 어떻게 지내는지 본 적도 없는 아내에게 제사상을 차려달라고 요구하는 일은 불가능했다. 요구했더라도 아내는 절대 들어주지 않았을 것이다. 나는 힘들었지만 일년에 10번 가까이 서울과 밀양을 왕복해야 했다.

  아버님의 병환이 회복되길 간절히 기도하던 어느 날, 부산에 계신 작은 숙부님께서 전화를 주셨다. 아버님을 기쁘게 해드릴 방법으로 자서전을 출간해 드리자는 제안이었다. 초안 원고는 숙부님이 작성하고, 나는 교정과 타이핑을 맡기로 했다. 후배의 도움까지 받아 결국 『나의 조국 한반도』라는 제목의 책을 출간했고, 병상에 계신 아버님께 책을 드릴 수 있었다. 책을 들고 "고맙다"라고 말씀하신 아버님의 표정은 지금도 생생하다.

  그 시절, 두 딸을 키우며 경제적 여유가 없던 아내는 내가 하고 싶은 일을 마음껏 하도록 돕고 싶어 의류 가게를 운영하고 있었다. 책 출간에 필요한 비용 전부를 아내가 마련해주었다. 참으로 통 큰 여자였다. 한 번은 제사 기일에 맞춰 휴가를 내고 밀양에 내려갔다. 시내의 작은 교회를 찾아 목사님을 만나고, 부모님을 전도하고픈 나의 마음을 전하며 심방을 부탁드렸다. 목사님은 심방을 오셔서 부모님의 영혼을 위해 간절히 기도해주셨다. 평생 선하게 살아오신 아버님의 인자한 모습은 지금도 내 눈에 선하다. 나를 무척 자랑스러워하시고 사랑해주셨던 아버님의 구원을 위해 드렸던 나의 기도를 주님께서 들으셨다고 나는 믿는다.

결국 아버님은 67세의 일기로 별세하셨다. 장례 당일, 비가 억수같이 쏟아졌다. 시골집에서 장례를 치르는 상황이었기에 비좁은 공간과 비로 인해 조문객들을 제대로 대접하지 못했다. 내리는 비처럼 내 마음도 무척 힘들고 아팠다.

아버님은 일제강점기 시절, 강제로 일본군에 징집되었다가 1945년 1월 중국에서 일본군 히노키 부대를 탈출하셨다. 이후 중국 호북성 신점진 지역에서 중국 중앙군 유격대에 편입되어 활동하시다가, 한국광복군 제1지대 제3구대에 소속되어 조국의 광복을 위해 헌신하셨던 독립운동가셨다. 1990년, 건국훈장 애족장이 추서되었다.

비가 그친 후, 아버님은 대전 국립현충원 애국지사묘역에 안장되었다. 현충원 측에서는 정성을 다해 영결식을 준비해 주었고, 여러 발의 조포弔砲와 군인들의 도움으로 아버지를 잘 모실 수 있었다. 아직까지도 가장 마음 아픈 것은 아버님이 너무 이른 나이, 67세에 세상을 떠나셨다는 것이다. 좀 더 시간이 있었다면, 더 많은 효도를 할 수 있었을 텐데 하는 아쉬움이 지금도 남아 있다.

장례를 마치고 나서, 예상했던 문제가 현실로 다가왔다. 바로 1년에 12번 드리던 제사 문제였다. 제사상을 집에서 차리는 일은 도저히 아내를 설득할 자신이 없었다. 아내는 믿음의 기준이 분명했고, 어떤 타협도 허용하지 않았다. 그러나 바로 그 단호함이 나를 하나님의 자녀로 분명히 세우는 역할을 하게 되었다.

나는 3대 조상의 기일과 명절에는 제사 대신 추도 예배를 드리기로 결정했다. 하지만 이 결정도 쉽지는 않았다. 1년에 7번은 예배를 드려야 했기 때문이다. 서울에는 숙부님 가족이 계셨는데, 예수를 잘 믿는 며느리를 맞이하면서 가정에 믿음의 싹이 트기 시작했던 시기였다. 기일이 되면 숙부님 내외와 사촌 동생 부부가 늘 함께 참석했다. 비록 제사 음식은 아니었지만, 아내는 매번 식사를 준비해야 했다. 당시 아내는 자녀 셋을 키우며 옷가게를 운영하고 있었기에 큰 부담이었지만, 기꺼이 기쁜 마음으로 감당해주었다.

어느 날 숙부님은 강하게 말씀하셨다. "예배를 드리더라도 어차피 음식을 준비하는 것이니 제사상은 차리자"는 것이었다. 평생 제사를 지내오신 분이니 그 마음도 충분히 이해가 되었고, 아내의 입장도 이해가 되었기에 나는 중간에서 갈피를 잡지 못했다. 그러나 아내는 단호히 거절했다.

"종손 며느리인 제가 결정할 권리가 있습니다. 숙부님도 따라주셔야 합니다."

그렇게 아내는 하나님의 말씀을 기준으로 삼아 나의 믿음의 울타리가 되어주었다. 이처럼 어떠한 상황에서도 아내는 믿음의 기준을 분명히 지켰다. 바로 그러한 행동과 판단을 통해 나는 하나님의 자녀로 다듬어져 갔던 것이다.

수년 동안 일 년에 7번의 기일에 추도 예배를 드리는 일은 나에게 은혜가 되지 않았다. 제사 대신 드리는 형식적인 예배라는 생각도 들었다. 그러던 중 장로로 피택된 어느 날, 나는 추도 예배를 더 이상 드리지 않겠다고 숙부님께 말씀드렸다. 숙부님 가정에도 복음의 씨앗이 자라고 있었기에 나의 결정을 이해해 주셨다.

그리고 또 한 가지를 제안드렸다. 매년 추수감사절 즈음 고향인 안동 임하면 교회를 빌려 증조할아버지 슬하의 친인척들을 초청해 가족 연합 예배를 드리고, 이후 잔치를 여는 것이었다. 믿음이 있든 없든 모든 가족을 초대했고, 매년 50명 정도가 참석했다. 예배는 교회 담임 목사님의 인도로 들여졌고, 이후 가까운 음식점에서 가족 잔치를 가졌다.

연합 예배와 잔치에 드는 비용도 적지 않았지만, 아내는 항상 흔쾌히 도와주었다. 큰딸과 사위는 예배 준비와 사회까지 맡아주었고, 형제 내외도 매년 참석해 주어 큰 힘이 되었다. 매년 이 모임은 하나의 전도 축제처럼 느껴졌다. 지금은 모두가 연로해 거동이 어려워져 이 행사는 중단되었지만, 나에게는 소중한 기억으로 남아 있다.

아내는 10대 종손의 며느리가 되었지만, 남편인 나를 하나님 앞에 바르게 세우기 위해 철저하게 믿음으로 나를 지켜 주었다. 제사를 드리지 않는다는 이유로 받는 많은 비판을 묵묵히 감당했고, 나를 대신해 앞장서서 모든 부담을 떠안아 주었다. 그 당시 나는 '조금만 타협하면 좋지 않을까?'라는 생각도 했지만, 아내는 전혀 타협하지 않았다. 돌아보면, 그 모든 과정이 나를 하나님이 창조하신 원형으로 다듬어가는 아내의 조각 작업이었다.

거칠고
우유부단한 남편을

앞에서도 언급했지만, 아내를 만났던 당시 나를 둘러싸고 있는 여건들은 매우 열악했다. 하지만, 아내는 내가 처한 환경에는 그리 연연하지 않았고, 오로지 나라는 존재, 남편 그 자체에만 관심이 있었다.

결혼하기 전에는 무엇이든 나의 뜻을 따라주던 온순하고 따뜻한 여자였는데, 결혼 생활을 시작하면서 점점 강하고 거친 여자로 변해갔다. 거친 남편을 제대로 다듬기 위한 작업이 시작된 것이다. 그 당시에는 아내를 통한 하나님의 놀라운 계획을 알지 못했기에, 대체 왜 갑자기 결혼 후 사람이 변했는지 의아해하면서 짜증을 냈다. 일례로, 결혼 예식을 드릴 때 주례 목사님께서 '아내는 남편에게 순종하여야 하고, 남편은 아내를 사랑해야 한다'고 말씀하셨는데 왜 순종하지 않느냐고 불평도 했던 기억이 난다. 지금 생각하면 아내는 더 높은 가치를 위해 우선 순위가 낮은 가치를 일정 기간 유보한 것이었다. 남편을 하나님이 창조하신 최고의 걸작품으로 만들기 위해 어느 순간에는 거칠게 망치질을 한 것이었다.

나는 가끔 말을 더듬기도 했고, 발음도 정확하지 않았다. 그럴 때마다 아내는 즉시 지적하며 고쳐 나가게 했다. 젊은 시절, 나는 내성적인 성격 탓에 대중 앞에 서면 제대로 말 한마디 하지 못하곤 했다. 그런 나를 아내는 교회 젊은 부부들과 함께 어울리도록 유도했고, 하나님의 품 안에서 교제를 나누고, 교외로 나가 기도하며 서로의 신앙을 고백하는 시간들을 갖도록 이끌어 주었다. 이러한 시간을 통해 나는 하나님을 인격적으로 만날 수 있었고, 점차 내성적인 성격도 보완되었으며, 나의 생각을 다른 사람에게 전달하는 훈련도 하게 되었다.

또한 나는 사람을 쳐다보는 시선 처리에 있어서도 서툴렀다. 가끔 사람을 제대로 바라보지 않고 곁눈질로 보는 버릇이 있었던 모양이다. 아내는 그런 모습이 보일 때마다 즉시 경고장을 날렸다. 식사 중 매너가 거슬릴 때도 예외 없이 바로 지적하곤 했다.

아내의 삶의 모습이나 믿음 생활이 내가 보기에도 완전하지 않을 때가 많았다. 나는 종종 '본인이 먼저 본을 보이고 나를 가르쳤다면 더 설득력이 있었을 텐데' 하는 생각으로 불평하기도 했다. 그러나 아내는 그런 것에 아랑곳하지 않고, 일종의 무대포 정신으로 나를 거칠게 다듬어갔다. "나는 부족해도 당신은 최고가 되어야 한다"는 것이 아내의 확고한 소신이었다.

만약 아내가 본을 보이는 만큼만 나를 다듬었다면, 그 작업의 양도 크지 않았을 것이고, 열매 또한 미미했을 것이다. 그러나 아내는 나를 향한 거친 작업을 멈추지 않았고, 그 무분별한(?) 거친 작업이 오히려 나를 더욱 강하고 단단하게 만들어 주었다는 사실을, 아내가 떠난 지금에서야 깨닫게 되었다.

가난한 남편을

아내와 나는 가난하게 신혼 생활을 시작했다. 고척동의 신축 빌라 4층을 전세 보증금 500만 원에 임차했다. 1년 후 임대차 기간이 종료되자 집주인은 전세금을 올리겠다고 통보했고, 우리는 그 돈을 마련하지 못해 경기도 부천시 역곡동의 소형 주공 아파트로 이사하게 되었다.

아내는 남편을 가난에서 벗어나게 해주고 자녀들도 가난 속에서 키우지 않겠다는 확고한 생각이 있었다. 어느 날 퇴근하고 집에 돌아오니, 방 한 칸에 옷가게가 차려져 있었다. 아내는 동대문 상가에서 아동복을 대량으로 구입해 전철을 타고 들고 왔다고 했다. 방 안에는 구입한 아동복이 가지런히 진열되어 있었다. 아파트 단지에 신혼부부들이 많이 살고 있었기 때문에, 그들을 상대로 장사를 해보려는 계획이었다. 성악을 전공하고 우아하게 살고 싶어 했던 아내는, 가난한 남편을 만나 억척스러운 삶을 살아가게 되었다. 나로 인해 한 여성의 삶이 완전히 바뀌게 된 것이다. 아내는 뛰어난 사교성과 설득력으로 장사도 잘해냈다.

몇 년 후 우리는 종로구 혜화동의 작은 한옥을 임차해 서울로 이사했다. 근처에는 동서 형님 댁과 장모님이 계셨고, 우리도 정든 동네였기에 쉽게 결정할 수 있었다. 그러던 중, 입사한 지 5년쯤 되었을 때 직장인이라면 누구나 겪는 권태와 위기가 나에게도 찾아왔다. 회사 생활이 견디기 어려울 만큼 지루하게 느껴졌고, 퇴직해서 나만의 사업을 해보고 싶었다. 어느 날 결국, 예비군 훈련에 가기 위해 집을 나서기 전, 아내에게 말을 꺼냈다.

"도저히 회사를 더 다닐 수가 없겠어. 책상 하나 놓을 수 있는 작은 사무실을 구해 줘."

그렇게 말하며 아내에게 500만 원을 건네주고 집을 나섰다. 아내는 본인만의 분명한 기준을 가지고 나의 모난 부분을 강하게 다듬어 갔지만, 한편으로는 나의 결정은 전적으로 존중해 주었다. 늘 내일을 걱정하기보다는 긍정적인 태도로 살았고, 다른 사람들 앞에서는 언제나 나를 치켜세워 주었다. 누구든 남편을 낮추는 말에는 절대 참지 않았다. 아내는 목표를 세우면 어떤 고난 속에서도 반드시 이루는 강한 추진력과 의지를 지닌 사람이었다.

아내는 혜화동 로터리 부근에 작은 옷가게를 준비하고 있었다. 대략 6평 남짓한 작은 가게였는데 며칠 뒤 그 구석에 책상 하나가 마련되어 있었다. 들어보니, 바로 그 자리에서 사업을 시작하라는 것이었다. 그 무렵 슬하에 두 딸이 있었는데, 아내는 아이들을 자신이 키울 테니 집안 걱정은 하지 말고 사업에 집중하라고 말했다. 하지만 막상 사표를 내고 개인 사업을 하려니 자신이 없었다. 결국 나는 다시 마음을 다잡고 회사 생활을 이어가기로 했다. 아내는 혼자서 열심히 가게를 운영하며 돈을 벌었고, 나는 생활비에 대한 강박에서 조금은 벗어날 수 있었다.

그 무렵 회사 내에서는 강남구 삼성동에 사원 주택 조합이 결성되었고, 우리는 자가 주택을 마련할 기회를 얻게 되었다. 아파트가 지어지는 기간 동안 우리는 거의 매주, 교회 예배를 마친 후 공사 현장을 찾았다. 점점 올라가는 건물을 바라보며 강남으로 이사할 날을 손꼽아 기다렸다.

어느 날 아내가 나에게 가볍게 한 마디를 던졌다. 당시에는 그저 대수롭지 않게 들었지만, 지금 돌이켜보면 그 말은 아내 마음속에 깊이 자리 잡은 강력한 목표였다.

"자식이 셋이니 빌딩 세 채는 반드시 마련할 거야. 강남 최고 아파트에서 가족이 살게 하고, 자식들도 최고의 대학에 보내서 최고로 살 수 있도록 도울 거야."

나는 교회 권사로서 아내의 이런 말이 지나친 재물 욕, 세상 욕심처럼 느껴졌다. 동의하지는 않았지만, 생각은 자유이니 굳이 반대할 필요도 없었다.

아내와 함께한 지 41년. 지금은 하늘나라로 먼저 떠났다. 그리고 나는 아내가 가졌던 그 강한 목표들이 대부분 이루어졌음을 보게 된다. 남편과 세 자녀를 위해, 아내는 참 열심히 살다 하나님 곁으로 간 특별한 사람이었다. 아내의 삶의 여정에는 '불가능'이라는 단어가 없었던 것 같다.

삼성동으로 이사한 후, 아내는 청담동에서 이전보다 더 큰 옷가게를 열었다. 수년간 의류 판매업을 운영하면서 우리의 경제 형편은 많이 나아졌다. 나는 회사에서 승진하며 급여가 오르고, 아내의 사업도 안정되었다. 아내 덕분에 믿음 생활, 회사 생활, 그리고 가정의 모든 일들 속에서 나는 넉넉한 마음으로 베풀 수 있었고, 아내에게 늘 감사한 마음을 가졌다.

고난이도 작업은
예수님께 맡기며

　　　　　내 나이 마흔 즈음이 되니, 아내의 거친 망치질을 통해 나는 어느 정도 다듬어졌다. 교회에서는 권사의 직분을 받았고, 1남 2녀의 아버지로서 가족도 이루었으며, 회사에서는 부장으로 승진하기도 했다.

　미켈란젤로가 다윗상을 조각할 때, 처음에는 거칠고 투박한 대리석을 과감하게 깎아내다, 어느 정도 윤곽이 잡히면 세밀하게 얼굴과 표정을 표현했을 것이다. 나의 삶도 그와 같았다. 초기에는 하나님의 대리인인 조각가, 아내 조미정의 망치와 끌로 과감하게 다듬어져 하나님의 자녀로서 윤곽이 잡혀갔다. 그러나 그 다음부터는 더 세밀하고 능숙한 조각가의 손길이 필요했다.

　아내는 더 이상 나를 다듬어갈 능력이 없었다. 그래서 나의 남은 조각 작업은 온전히 주님께 맡겨졌다. 나는 이제 아내의 도움 없이도 예수님과 동행하는 삶을 살 수 있을 만큼 믿음이 성장했다. 아내를 통하지 않고서도 예수님과 직접 소통하게 되었다. 주님은 아내가 다듬어 놓은 미완성의 작품을 더욱 정교하고 조심스럽게, 그리고 조금씩 다듬어 가셨다.

아내의 역할은 이제 기도의 자리를 지키는 것이었다. 그녀는 집 근처 교회에서 매일 새벽 예배를 드리며, 남편과 세 자녀가 하나님의 걸작품으로 온전히 다듬어지길 간절히 기도했다. 아내는 하나님이 창조하신 나의 원형, 곧 걸작품의 모습을 찾아가며 그것을 점점 더 현실적이고 구체적으로 정의해 나갔다. 그녀가 생각한 걸작품의 기준은 다음과 같았다.

첫째, 남편은 교회에서 장로가 되어야 한다.
둘째, 남편은 회사에서 사장이 되어야 한다.
셋째, 남편은 세상에서 하나님의 일을 마음껏 할 수 있도록 가난하지 않아야 한다.

이러한 기준들이 하나님의 뜻에 꼭 합당한지는 잘 모르겠지만, 아내의 생각은 분명했다. 그리고 그녀는 자신이 세운 그 모든 기준을 다 이루고 내 곁을 훌쩍 떠났다.

셋

미완성인채로 전시된 삶

청년 아카데미를
설립하다

　　　　　나는 2013년 초, 31년간 근무하던 회사의 사장직에서 퇴직하였다. 지난 삶을 돌아보니 하나님께서 나에게 베풀어 주신 은혜가 차고 넘쳤다. 재물도 감사했고, 나에게 특별했던 아내도 감사했고, 세 자녀도 감사했고, 세상에서 누렸던 영광도 감사했다.

　그래서 주님께서 주신 많은 것들을 단지 나와 가족만을 위해 사용할 수는 없다는 생각이 강하게 나를 사로잡았다. 옛 선비들은 한양에서 벼슬하다 은퇴하면 고향으로 낙향하여 서당을 열고, 어린이들에게 천자문과 서예를 가르쳤다. 그리고 일정 수준의 자질이 있는 제자들에게는 유학의 핵심 경전인 『논어』, 『맹자』, 『대학』, 『중용』을 가르치며 그들이 과거에 합격하여 나라의 일꾼이 될 수 있도록 지혜와 인품을 길러주었다.

　『논어』를 통해 예절과 효, 정치의 기본을 가르쳤고, 『맹자』를 통해 인간의 본성과 도덕적 정치, 민본 사상에 대해 고민하게 했으며, 『대학』을 통해 자기 수양의 길을, 『중용』을 통해 균형과 조화에 대해 교육한 것이다.

출석하는 교회에서 50대 중반에 장로로 피택된 이후, 교회 학교를 섬기는 위원장 등 여러 사역의 리더 역할을 감당해 왔다. 교회에 출석하는 학생들과 청년들, 그리고 회사에서 함께 근무했던 젊은 후배들의 삶을 보며 안타까운 마음이 들곤 했다. 교회에서는 믿음 생활을 잘하지만, 세상에서는 그 역할을 제대로 해내지 못하는 경우가 많았기 때문이다. 인품, 경영 능력, 사람을 이끄는 리더십 등에서 아쉬움이 느껴지는 후배들도 많았다. 그래서 믿음과 사회생활을 조화롭게 일치시키며 살아가는 지혜와 능력, 인품을 함께 갖춘 이들이 되었으면 좋겠다는 바람이 생겼다.

그런 생각 끝에 옛 선비들처럼 나도 그런 후배들을 돌보는 역할을 하고 싶다는 마음이 들었다. 어떻게 하면 좋을까 고민하던 중, 현대판 서당인 '아카데미'가 떠올랐다. 마침 SK 그룹에서 아카데미 원장 경험도 있었기에 더 구체적인 그림이 그려졌다. 워낙 추진력이 강한 편이라, 마음을 먹으면 바로 행동으로 옮기는 성격이었다.

그리고 마침내 2017년 1월 16일, YCL Young Christian Leader 1기 과정이 시작되었다. 아내가 운영하던 광진구 카페 지하 공간을 강의실로 꾸몄다. 폴딩 도어를 설치하고 빔 프로젝터 장비를 마련했으며, 아카데미 명칭을 '더 베이직 아카데미 The Basic Academy'로 확정하고, 나는 원장으로 섬겼다.

교육 과정은 총 15주, 매주 토요일 오후 4시간씩 진행되었다. 앞의 2시간은 외부의 유명 인사를 초청해 특강을 듣는 시간이었다. 주제는 '어떻게 믿음으로 세상을 살아갈 것인가?'였다. 나의 인맥을 총

동원하여 믿음 있는 크리스천 인사들 중에서 강사를 섭외했다. 대기업 부회장, 사장 출신 인사, 대학 교수, 현직 대기업 임원, 벤처기업 CEO, 전문 강사 등 여러 분이 자원봉사 형식으로 기꺼이 동참해 주셨다. 다들 믿음의 후배들을 사랑하는 마음으로 헌신해 주셨다.

특강 이후에는 책을 읽고 요약 발표하며 의견을 나누는 시간으로 구성되었다. 그리고 각 분야별로 두 분씩, 총 여섯 분의 초빙된 담당 교수님께서 종합 정리를 해 주셨다. 필독 도서는 인문학, 경영학, 신앙 분야로 구분해 전문가의 도움을 받아 각각 20권씩, 총 60권을 선정하여 구입했다. 원생들에게는 세 분야 중 각 1권씩 총 3권을 나눠주고, 읽은 내용을 요약 발표하도록 하였다. 결과적으로 15주 동안 원생 전원이 총 60권의 책을 읽는 효과를 누리게 되었다.

독서 발표 후에는 나눔과 함께 교수님들의 정리가 이어졌다. 지금은 자주 뵙지 못하지만, 늘 감사한 마음을 간직하고 있다. 신앙 분야는 두 분의 목사님이 맡아주셨고, 총무 역할을 맡아 헌신적으로 섬겨준 후배도 있었다. 여러 지인들의 도움도 있었지만, 상당 부분의 업무는 내가 직접 감당해야 했다. 실무 경험이 많지 않아 어려움도 있었지만, 믿음의 후배들을 리더로 키우고 싶은 마음에 기쁨으로 감당했다.

특강 후 쉬는 시간에는 아내가 직접 간식을 준비해 주었다. 1기 개강식 날에는 담임 목사님께서 오셔서 개강 예배를 인도해 주셨고, 그 순간은 지금도 깊은 기억으로 남아 있다. 훈련이 마무리될 즈음에는 양지에 있는 별장으로 교수님들과 원생들을 초대하여 야외 바비큐 파티도 열었다. 30명을 초대하는 일이 쉬운 일은 아니었지만, 아내와 나는 기쁘게 섬겼다. 아내는 워낙 손이 커서 대충 하는 법이 없었고, 다른 분의 도움을 받아 정성껏 음식을 준비해 주었다. 나는 주로 야외 마당에서 일을 했다. 이웃을 섬기는 일에 있어, 아내와 나는 하늘이 짝지어 준 환상의 콤비였다. 하지만 아쉽게도 아카데미는 2기까지 운영되었고, 3기는 신청 인원이 부족해 개강을 미루던 중 코로나 사태로 인해 결국 문을 닫게 되었다.

　나는 지금도 예수님을 믿는 성도는 세상에서도 매력적인 사람이 되어야 한다고 믿고 있다. 믿지 않는 이들로부터도 인정과 존경을 받을 수 있어야 비로소 복음이 제대로 전해질 수 있다고 생각한다. 옛 선비들이 서당에서 사람 다움과 나라를 섬길 리더십을 길렀던 것처럼, 오늘날 청년들에게도 그러한 교육이 필요하다. 그러나 요즘 청년들은 그런 종합적인 교육을 받을 기회가 거의 없다. 공교육은 입시 위주이고, 교회 학교는 성경 말씀 중심으로 운영되기에 세상에서 살아갈 지혜와 능력까지 함께 가르치기엔 한계가 있다. 그런 부족한 부분은 믿음의 선배들이 채워주어야 한다고 생각한다.

전방 사단 전역학교를
운영하다

       2017년 9월, 아들은 미국에서 유학 생활을 마친 후 군에 입대하였다. 한 달 간의 신병 훈련을 마친 후 전방 부대로 배치를 받았고, 나는 그해 12월, 아들이 배치된 군부대를 공식 방문할 기회를 갖게 되었다.

  출석하는 교회 담임 목사님께서는 30년 전, 전방 모 사단 포병 부대 군목으로 복무하면서 한 단체의 지원을 받아 부대 내에 교회를 세우신 바 있다. 그 교회가 창립 30주년을 맞이하며 기념 예배에 목사님을 초청했고, 나는 목사님을 수행해 동행하게 되었다. 그 부대의 사단장으로 계셨던 육군 소장님은 신실한 믿음의 성도였고, 우리를 관저로 초대하여 식사로 환대해 주셨다. 식사 자리에서 목사님께서는 나의 경력을 소개하며, 내가 운영하고 있는 '더 베이직 아카데미' 사역에 대해서도 설명을 덧붙이셨다. 그 자리에서 사단장님께서는 매달 전역하는 약 400명의 병사들을 위한 전역학교 운영을 요청하셨다. 많은 병사들이 전역 후 삶에 대한 걱정을 안고 있으니, 이들에게 삶의 지혜를 나눠주면 좋겠다는 말씀이었다. 또, 일 년에 한 번씩 장교급과 하사관급 전역자들을 대상으로 한 전역학교도 함께 요청하셨다.

나는 이 사역이 아카데미 설립 취지와 부합하는 일이라 생각했고, 기쁜 마음으로 수락했다. 더군다나 아들이 근무하고 있는 부대 사단장의 요청이었기에, 마치 학부모가 교장 선생님의 부탁을 받는 것처럼 거절할 수 없는 일이기도 했다. 이후 군 부대의 교육 담당 간부들과 협의를 거쳐 교육 과정을 확정하고 실제 운영에 들어갔다. 사병 대상 전역학교는 사단 교회에서 교육을 희망하는 병사들을 모집해 매달 한 차례 실시하기로 하였고, 교육은 세 가지 주제로 구성되었다.

첫째, '세상을 살아가는 능력을 어떻게 키울 것인가?'
둘째, '세상을 살아가는 에티켓과 매너'
셋째, '세상을 살아가는 데 필요한 바람직한 가치관과 지혜'

첫 번째와 두 번째 주제는 전문 프로 강사들이 맡았고, 세 번째 강의는 내가 직접 담당했다. 사단 교회의 군목 목사님께 부탁드려 참가자들에게 나눠줄 햄버거와 콜라를 준비했고, 매회 2~300여명의 사병이 참여했다. 군 교회 앞마당에 병사들이 둘러앉아 함께 햄버거를 나눠 먹는 모습은 매우 인상 깊었고, 큰 감동으로 다가왔다. 크지 않은 금액으로 자식 같은 병사 수백 명에게 햄버거를 대접할 수 있다는 사실 자체가 참 감사했다.

아내는 매월 철원으로 가는 나의 여정에 동행하며, 현장에서 간식을 나눠주는 역할을 맡아주었다. 또한 함께 섬겨준 두 분의 프로 강사님들도 너무나 고마운 분들이었다. 평소 기업에서 강의를 나가면 결코 적지 않은 강의료를 받는 분들이었지만, 미리 약속된 전역학교 일정에는 외부 강의 요청을 모두 사양하고, 무보수로 자원봉사 해 주셨다. 장교 대상 전역학교는 대우 재단에서 운영 중인 글로벌 리더 양성 과정 등을 중심으로, 재단 사무총장이 강사로 참여해 진행되었다.

몇 차례의 전역학교를 실시한 뒤, 사단 측에서 공식적인 업무 협약 체결을 요청해 왔다. 2017년 5월, '○○사단과 더 베이직 아카데미 간의 업무 협약식'을 정식으로 체결하게 되었고, 이후 전역학교는 2년 이상 꾸준히 운영되었다. 하지만 코로나 사태로 인해 모든 집합 교육이 중단되면서, 전역학교 역시 자연스럽게 문을 닫게 되었다.

아카데미와 전역학교를 운영하면서 나는 한 가지 사실을 더욱 깊이 느끼게 되었다. 바로, 믿음의 성도들 가운데는 이웃을 섬기고자 하는 따뜻한 마음을 가진 이들이 참 많다는 것이다. 내가 섬김을 부탁드리면 대부분 기꺼이 동참해 주셨다. 어느 교회의 사모님은 여러 차례 햄버거 값을 보내주기도 하셨다.

이처럼 아름다운 마음들이 모이면, 그것이 곧 의미 있는 나눔으로 이어질 수 있다는 사실을 체험하며, 이러한 따뜻한 손길들을 하나로 연결하는 플랫폼이 필요하겠다는 생각도 하게 되었다.

신학을 공부하다

수년 전, 주일 예배 설교 중 목사님이 말씀하신 예화 하나에 깊은 감동을 받은 적이 있다. 예화의 내용은 이러했다.

어느 날, 주인이 먼 여행을 떠나며 하인 A와 B에게 각각 말발굽 하나씩을 주고는, 돌아올 때까지 그 샘플을 기준으로 말발굽을 100개씩 만들라고 지시했다. 주인이 돌아와 확인해보니 하인 A가 만든 말발굽은 샘플과 거의 흡사하여 실제로 사용할 수 있었지만, 하인 B가 만든 말발굽은 많은 수가 사용할 수 없을 정도로 샘플과 차이가 컸다. 이유를 알아보니, 하인 A는 처음 받은 샘플을 기준 삼아 계속해서 100개를 만들었지만, 하인 B는 샘플을 기준으로 두 번째를 만들고, 그 두 번째 것을 기준으로 세 번째를, 또 그것을 기준으로 네 번째를 만드는 방식으로 만들어갔다. 결국 복사본의 복사본이 되면서 미세한 차이가 누적되어, 백 번째 말발굽은 원형과는 크게 달라졌던 것이다.

이 예화를 들으며 나는 하나님께서 나에게 주시는 분명한 가르침을 느꼈다. 장로가 되었다고 해서 선배 장로의 모습을 그대로 따라 해서는 안 된다는 것이었다. 교회의 전통이나 관례, 믿음의 선배들의 신앙 생활을 분별없이 본받는 일은 때로 큰 재앙이 될 수도 있다는 사실이었다. 믿음의 기준은 오직 하나님의 뜻, 곧 성경이어야 한다는 것을 깨닫게 되었다.

로마서 12장 2절에서는

'여러분은 이 시대의 풍조를 본받지 말고, 마음을 새롭게 함으로 변화를 받아서, 하나님의 선하시고 기뻐하시고 온전하신 뜻이 무엇인지 분별하도록 하십시오.'

요한일서 2장 17절에서는

'이 세상도 사라지고, 이 세상의 욕망도 사라지지만, 하나님의 뜻을 행하는 사람은 영원히 남습니다.'

이처럼 성경은 여러 곳에서 하나님의 뜻에 따라 살아가는 길이 생명을 얻는 길이라고 강조하고 있다. 장로가 되고 보니 한 가지 분명한 고민이 생겼다. 만 명이 넘는 성도가 출석하는 대형 교회의 장로로서, 내가 원하든 원하지 않든 많은 성도들에게 믿음의 본이 되어야 하는 자리에 놓인 것이다. 나의 믿음의 모습이 누군가에게 샘플이 되어 다른 성도들이 복사할 수도 있다는 생각이 들었고, 그렇다면 그 샘플이 된 나는 과연 하나님의 뜻에 합당한 삶을 살고 있는지 스스로 물어보게 되었다.

돌이켜보면 나는 오랜 시간 목회자들의 말씀과 믿음의 선배들의 삶을 본받으며 나의 신앙을 형성해 왔다. 그런데 그 믿음의 샘플로서의 나는 과연 진품인가, 혹시 가품은 아닌가 하는 의문이 생겼다. 만약 나의 믿음이 가품이라면, 그것을 본받는 이들에게도 문제가 될 수 있다는 걱정이 들었다. 나는 성경 구절을 부분적으로는 많이 알고 있었고 여러 번 통독도 했지만, 체계적으로 공부해 본 적은 없었다. 어쩌면 나의 믿음도 복사본의 복사본일 수 있다는 생각을 지울 수 없었다.

그래서 나는 하나님의 뜻을 분명히 알고 싶은 마음이 간절했다. 그리하여 결국 신학 공부를 결심하게 되었다. 은퇴 후 시간이 생긴 것도 기회가 되었다. 출석하는 교회가 감리교단 소속이기에 감리신학대학원에 입학하기로 했다. 입학 원서에는 담임 목사님의 추천서가 필요했는데, 목사님은 몇 가지 염려를 하시면서도 추천서를 써 주셨다.

그런데, 합격 통보를 받았지만, 예상치 못한 일이 벌어졌다. 갑작스럽게 장로들을 대표하는 장로회장이 된 것이다. 관례상 내가 회장이 될 순서가 아니었지만, 뜻밖의 상황이었다. 신학 공부를 위해서는 매일 저녁 학교에 나가야 했는데, 장로회장이 되면 교회의 예배와 행사에 빠질 수 없다는 부담이 컸다. 결국 학교에 입학금은 납부하되, 장로회장 임기 2년을 마친 후 입학하겠다는 의사를 전달했지만, 학교 측은 교칙상 불가능하다는 통보를 해왔다. 결국 나는 입학을 포기해야 했다.

이후 장로회장 임기를 마친 후, 노년에 아내와 함께 지내기 위해 경기도 양평군 양서리 국수리 뒷산에 조그마한 전원주택을 지었다. 그 집에서는 멀리 아신신학대학교가 눈에 들어왔다. 북한강 강변에 자리 잡은 그 학교를 바라보며 '이 학교에서 신학을 공부하는 것이 하나님의 뜻인가' 하는 마음이 들었다. 순종하는 마음으로 입학을 준비하던 중, 우연히 미국 덴버신학교의 정교수 부부를 만나게 되었다. 나의 신학 공부 계획을 전하자, 교수님은 덴버신학교에 바로 입학하라고 권유하셨고, 마침 학교에서도 한국 학생을 위한 온라인 한국어 과정을 준비 중이라는 이야기를 들었다.

덴버신학교는 1950년에 설립된 복음주의권 명문 신학교로, 미국 내 250여 개 신학교 중에서도 상위 10위권에 드는 학교라고 했다. 결국 나는 덴버신학교 한국어부 1기생으로 입학하게 되었다. 성경 66권과 관련된 신학을 공부하면서 하나님은 어떤 분이신지, 그리고 그분의 뜻은 무엇인지를 하나씩 알아가는 재미와 기쁨이 컸다. 마침 코로나 사태로 외출이나 만남이 어려웠던 시기였기에, 하루종일 책상에 앉아 온라인 강의를 듣고, 과제를 제출하고, 줌으로 미팅하고, 시험을 치르는 모든 과정이 오히려 감사했다.

2022년 5월, 3년간의 과정을 마친 나는 아내와 함께 미국 콜로라도주 덴버로 가서 졸업식에 참석했다. 대학 졸업 후 40년 만에 받는 석사 학위였다. 한국 대학처럼 대표 졸업생 한 사람만 수여받는 방식과 달리, 미국 대학은 졸업생 한 명 한 명을 호명하며 모두에게 직접 졸업장을 수여했다. 젊은 졸업생들 틈에 끼어 강단에 올라 졸업장을 받은 그 순간의 감회는 잊을 수 없다. 졸업식장에서 아내가 보여준 환한 미소, 무언가를 이루었다는 성취감으로 기뻐하던 모습이 지금도 눈에 선하다. 졸업식을 마친 후, 미국 현지에 거주하던 교수님과 동료 졸업생들의 초대를 받아 함께 시간을 보내며 기쁨을 나눴다. 졸업한 선배 장로님의 안내로 로키 산맥을 구경하는 시간도 가졌다.

미국 덴버에서의 마지막 밤, 호텔에서 아내가 한 말이 아직도 내 마음에 남아 있다. 남편을 교회 장로로 세우고, 회사 사장으로 세우고, 가난하지 않게 만드는 것이 자신의 목표였다고 했다. 그리고 이제 신학 공부까지 마쳤으니, 목사 안수를 받아 하나님의 일을 본격적으로 하길 바란다는 말과 함께, 자신은 사모가 되고 싶다는 뜻을 전했다. 나는 '쓸데없는 소리 하지 말라'며 핀잔을 주었지만, 아내는 나를 향한 목표를 쉽게 포기하지 않았다. 한 번 목표를 정하면 반드시 이루는 사람이었기에, 아내가 내 곁에 계속 있었다면 나는 결국 목사 안수를 받았을지도 모른다. 아내의 강력한 추진력과 압박에 결국 나는 지고 말았을 것이다.

신학 공부를 통해 더욱 하나님을 알아가게 되었다는 사실이 참으로 감사하다. 이 땅에서 하나님의 창조 원형인 진품으로 온전히 회복되지는 못하더라도, 그 원형에 가까워지고 있다는 사실만으로도 감사했다. 하나님을 대신해 나를 조각 해 준 조미정 권사, 나의 아내. 언젠가 하늘나라에서 그녀를 다시 만나게 될 것이다. 그날, 나는 온전한 진품으로 거듭날 것이고, 아내는 또 한 번 성취감으로 기뻐할 것이라 믿는다.

삶의 지혜와 경험을
나누다

　　　　　믿음 생활을 하면서 나에게 가장 큰 관심사가 된 주제는, 믿음 생활과 일터에서의 삶을 어떻게 일치시켜 나갈 것인가 하는 문제였다. 주일이면 열심히 교회에 출석해 예배를 드렸고, 나에게 맡겨진 사역도 나름대로 잘 감당했다. 바쁜 일상 중에도 수요 예배, 금요 철야 예배에 꾸준히 참석했다. 회사에서도 맡겨진 책무를 최선을 다해 수행했다.

　그러나 늘 마음 한편에 불편한 감정이 있었다. 믿음 생활과 회사 생활이 서로 따로 논다는 생각을 지울 수 없었다. 마치 내가 '외식하는 자'가 아닌가 하는 자책이 늘 따랐고, 주일의 삶과 주중의 삶이 일치하지 않으니 이중 생활을 하고 있는 것이 아닌가 하는 생각이 들곤 했다.

　그러던 어느 날, 팀 켈러 목사님의 책 『일과 영성』을 읽게 되었다. 이 책을 통해 '일'을 향한 나의 가치관이 새롭게 정립되었고, 일과 믿음의 일치 문제에 대한 해답도 얻게 되었다. '일'은 하나님께서 창조하신 고귀한 것이며, 인간이 만들어낸 제도도 아니고, 단순히 먹고 살기 위해 해야 하는 필요악도 아니라는 사실을 깨닫게 되었다. 오히려 죄로 인해 고결했던 일이 타락한 것이라는 사실도 알게 되었다.

하나님은 천지를 창조하신 일 뿐 아니라, 창조하신 세상을 인간을 통해 관리하시는 일 또한 소중히 여기신다. 즉, 무슨 일을 하든 모두가 귀한 일이다. 집에서 청소하고 밥을 짓는 일도 귀하며, 회사에서 단순 노동을 하든 경영자의 위치에서 일하든 모두가 하나님을 대신해 이 땅을 다스리는 귀한 일임이 분명하다.

어느 날, 출석 중인 교회의 목사님께서 삶의 경험과 지혜를 나누는 세미나를 성도들을 대상으로 진행해 달라는 요청을 해 오셨다. 나는 팀 켈러 목사님의 책 내용을 요약해 4주 과정의 세미나 교재를 준비했고, 세미나에 참석한 20여 명의 성도들과 함께 '일과 영성의 일치'에 대해 서로의 생각을 나누는 시간을 가졌다. 내가 일터에서 겪었던 혼란을 믿음의 후배들이 더 이상 겪지 않길 바라는 마음으로 이 세미나를 준비했다.

1년 뒤, 목사님께서 다시 세미나 요청을 해 오셨고, 이번에는 어떤 주제로 나눔을 가질까 고민하다가 '마음 관리'에 대해 나누고 싶다는 생각이 들었다. 어떤 마음을 가지고 살아가느냐는 결국 인생 전체를 좌우하는 문제이기 때문이다. 즉, '마음이 곧 인생을 결정한다'는 사실이다. 나는 다시 교재를 나름대로 준비해 3주간의 세미나를 진행했다.

일상생활 속에서 우리의 마음에는 수많은 생각들이 찾아온다. 그 가운데는 쓸데없는 생각들도 많고, 마귀가 주는 생각도 있으며, 세상의 탐욕이 불어넣는 생각도 있다. 이런 생각들이 마음에 오래 머물면 감정으로 바뀌고, 그 감정이 행동으로 이어지며, 그 행동이 모여 결국 우리의 삶을 이룬다. 우리는 외출할 때 외모에는 많은 신경을 쓴다. 어떤 옷을 입을지 고민하고, 머리도 단정히 손질한 뒤에야 집을 나선다. 그러나 보이지 않는 마음에는 정작 신경을 거의 쓰지 않는다. 지저분한 생각을 품은 채로 외출할 때도 많다.

행복한 삶, 의미 있는 삶을 살기 위해서는 마음 관리를 철저히 해야 한다. 음식 쓰레기를 수시로 버리듯, 생각의 쓰레기도 매일 자기 전 반드시 버려야 한다. 그래야 부정적인 생각들이 우리 마음속에 오래 머물지 않는다. 생각이 마음에 들어오면 그것을 정화하는 '마음의 정화 시스템'이 필요하고, 그 정화 시스템의 필터 역시 주기적으로 교체해야 한다. 나는 이러한 내용을 중심으로 세미나를 진행했다.

한편으로, 매년 6월 우리 교회에는 평신도 주일로 예배를 드리는 날이 있는데 목사님의 요청으로 몇 차례 평신도 설교를 맡기도 했다. 거칠고 모난 나를 하늘의 조각가이신 하나님께서 어떻게 다듬어 가셨는지, 그 은혜와 함께 주님이 주신 삶의 지혜를 전하는 시간이 되었다.

믿음 생활을 하면서 주님께서 내게 주신 지혜와 경험들을 믿음의 후배들에게 전하고 나누는 일은 나에게 큰 보람이었다. 이제는 재물로 이웃을 섬기는 일에는 한계가 왔다. 그러나 지혜와 경험, 그리고 하나님의 은혜를 나눔으로써 이웃을 더 깊이 섬기고 싶다는 마음은 여전히 크다.

예수동행운동을
만나다

26살에 아내를 만나면서 교회에 출석하기 시작했다. 처음 만난 날부터 결혼하자고 졸랐는데, 아내는 '교회에 출석하면 결혼하겠다'고 했다. 그 당시 나는 일요일에 한 번 교회에 나가는 정도는 어려운 일이 아니라고 생각했고, 게다가 교회에 가면 점심 식사도 제공되니 마치 나들이하는 기분이었다. 그렇게 교회에서 결혼식을 올리고 싶어 신청했더니 세례를 받아야 한다고 해서 세례도 받았다.

교회의 젊은 부부들과 함께 교외 휴양 시설에서 숙식하며 찬양하고 기도하는 시간을 보내기도 했다. 그런 시간을 거치며 나도 모르게 예수님이 내 안에 들어오셨다. 통성 기도 중, 내 옆에서 기도하던 집사님이 '김세대 성도님, 방언으로 기도하시네요!'라고 했지만, 당시엔 방언 기도가 무엇인지조차 몰랐다.

그렇게 매주 예배를 드리고 식사 기도를 하는 일이 익숙해졌다. 결혼 조건으로 다짐했던 교회 출석은 평생 충실히 지켰다. 30대 후반, 청담동으로 이사하면서 옮긴 교회가 대치동에 있는 '믿음의 집 교회'였고, 그 교회는 이후 성남시 복정동으로 이전하여 '선한목자교회'가 되었다. 그리고 유기성 목사님이 담임으로 부임하셨다.

유 목사님을 만나면서 나의 다소 형식적이고 외형적이었던 신앙생활에 본질적인 변화가 일어났다. 예수님과 함께 걷는 삶의 기쁨을 누리게 되었고, 삶의 참된 의미가 무엇인지, 어떻게 살아야 하는지에 대해 깊이 고민하며 하나씩 답을 찾아갔다. 그러던 2009년에는 장로로 피택되었고, 교회 내 어린 생명들에게 하나님의 말씀을 전하는 유아부, 유치부, 초등부, 중고등부를 섬기는 교육위원장의 사역을 맡게 되었다. 주일학교 교사들의 사랑 어린 헌신은 큰 감동으로 다가왔고, 나도 어릴 때부터 교회에 다녔더라면 더 좋은 사람이 되었을 텐데 하는 아쉬움도 남았다.

교육부는 해마다 교사 수련회를 가졌는데 위원장으로서 교사들을 더 잘 섬기고 싶은 마음이 들었다. 회사에서 그룹 연수원 원장을 겸직하던 터라 임원의 도움을 받아 그룹 연수원에서 수련회를 진행할 수 있었다. 감사하게도 주말임에도 불구하고 음식을 준비해주신 조리사님들, 시설 관리 요원들 모두 기꺼이 도와주신 덕분에 가능한 일이었다. 백여 명의 교사들을 초대해 좋은 시설에서 숙식하고 함께 예배하며 훈련할 수 있었던 것은 큰 기쁨이었다. 그때 함께했던 성도들도 이제는 40~50대 중년이 되었고, 가끔 만나면 그 시절의 추억을 나눈다.

2년간의 교육위원장 사역을 마친 후에는 멀티위원장으로 섬기게 되었다. 유기성 목사님은 '나는 죽고 예수로 살아가는' 예수동행운동을 성도들과 함께 전개해 나가셨다. 그 일환으로 매일 저녁 예수동행일기를 작성하고 나눔방을 통해 서로 일기를 공유하며 예수님과 함께 살아가는 훈련을 진행했다.

예수동행운동의 일환으로 예수동행일기를 쓸 수 있는 애플리케이션을 개발하여 보급했는데, 앱 개발은 내가 맡은 멀티위원회 소관이었다. 앱 오픈 전날, 개발에 참여한 교회 직원들과 외부 개발자들을 워커힐 호텔 명월관에 초대해 감사의 뜻을 전했다. 식사 후 한강변 벤치에 앉아 직원들의 도움으로 내 핸드폰에 앱을 설치했고, 그날부터 매일 저녁 예수동행일기를 쓰기 시작했다. 아마도 2012년 초가을쯤이었던 것으로 기억하는데, 벌써 13년째 일기를 써 오고 있다.

2018년에는 그동안 작성한 일기를 책으로 제작할 기회도 있었다. 꾸준히 썼던 예수동행일기는 1년에 300~400페이지 분량의 책 두 권 정도가 쌓였고, 지금까지 쓴 일기를 모두 책으로 만든다면 약 25권 분량이 될 정도로 예수님과 함께 걸어온 나의 삶의 기록이 깊이 있게 만들어졌음에 감사한다.

아침에 일어나면 제일 먼저 하는 일은 하나님의 말씀을 듣는 것이다. 핸드폰에 설치된 큐티 앱을 통해 그날의 영적 양식을 섭취한다. 하루를 마무리하는 시간에는 예수동행일기를 쓴다. 지금 돌아보면, 예수동행일기는 내게 커다란 선물이자 생명을 지키는 루틴이 되어 주었다.

의미 있는 삶을 살기 원한다면, 먼저 마음 관리를 잘해야 한다. 단순히 감정을 조절하는 차원을 넘어, 삶의 의미와 가치, 그리고 자신과 하나님의 관계를 건강하게 유지하는 것이 중요하다. 나 역시 마음을 잘 관리하고자 했지만 쉽지만은 않았다. 그러나 예수동행일기를 통해 확실한 방법을 찾게 되었다.

예수동행일기를 통해 얻을 수 있는 첫 번째 유익은, 마음을 관리할 수 있다는 점이다. 우리는 종종 자신의 감정이나 생각을 인지하지 못한 채 반응하며 살아간다. 하루에도 수십 번 오고 가는 감정(분노, 미움, 불안, 서운함, 기쁨, 감사 등)을 그냥 흘려보내기 쉽다. 하지만 '오늘 나는 하나님의 자녀로 잘 살았는가?', '무엇 때문에 기뻤는가?', '무엇 때문에 속상했는가?', '감사할 일 세 가지는 무엇인가?'와 같은 질문을 통해 자신을 돌아보면, 마음 관리를 시작할 수 있다.

두 번째 유익은, 마음 안으로 가져오는 거친 감정과의 거리를 두게 된다는 것이다. 불안, 미움, 분노 등은 마치 구름처럼 스쳐 지나가는 감정이다. 그것을 나와 동일시하지 않으려면 정기적으로 일기를 쓰는 습관이 필요하다. 이는 기도와 묵상, 감사의 삶으로 이어지는 영적 훈련이 된다. '지금 예수님이 나와 함께 계신데 이러면 안 되지'라는 생각으로 순간의 감정을 절제하게 된다. 이것은 '욱하는 성질'을 고치는 특효약이기도 하다.

세 번째 유익은, 일상과 삶 전체가 거룩해진다는 것이다. '예수님이 24시간 내 곁에 계신다'라는 믿음을 일상에 적용하면, 대화, 운전, 공부, 업무, 식사와 같은 사소한 일상도 주님 앞에서 행하는 일이 된다. 매일 정리하며 기록하는 습관은 모든 순간을 의미 있고 거룩하게 해준다. 이런 습관이 모여 인생 전체를 거룩하게 하는 것이다.

네 번째 유익은, 하나님의 음성에 귀를 기울이고 타인의 시선에서 벗어날 수 있다는 것이다. 일기를 꾸준히 쓰면 하나님의 말씀을 더 깊이 묵상하게 되고, 그 과정에서 신앙은 단순한 지식을 넘어 인격적인 교제로 발전하게 된다. 하나님과의 인격적인 교제는 타인의 시선이 아니라 하나님과의 관계에서 자존감을 찾고, 진정한 자기를 발견하도록 돕는 나침반이 된다. 비교와 경쟁 속에서 흔들리지 않기 위해서는 참된 자존감(나는 하나님이 창조하신 최고의 걸작품이다)이 바탕이 되어야 한다. 자존감은 타인에게 인정받는 것으로 채워지지 않으며, 오히려 자신이 자기자신을 어떻게 대하느냐에서 비롯된다. 하루를 마무리하면서 쓰게 되는 예수동행일기는 하나님의 창조하신 최고의 걸작품인 나를 찾아가는 과정이다.

마지막으로 다섯 번째 유익은, 든든한 믿음의 동반자를 얻게 된다는 점이다. 예수동행일기는 혼자 쓰는 것만으로도 유익하지만, 작성 후에 나눔방 소그룹 안에서 서로의 일기를 공유하고 댓글을 주고받으며 위로와 격려, 사랑과 칭찬을 나누는 공동체적 유익이 훨씬 크다. 믿음의 길을 함께 걷는 든든한 동반자들을 얻게 되는 것이다. 외로운 믿음의 길을 걷는 것이 아니라, 함께 걸어가는 친구들을 얻을 수 있는 것이다.

넷

미완성인채로
가졌던 생각들

하나님의 자녀
그리고 세상 속의 나

       26살에 군복무를 마치고 복학할 무렵의 내 삶은 너무나도 힘들었다. 그러던 중 현재 처형의 소개로 아내를 만나게 되었고, 첫 만남부터 마음에 들어 결혼하자고 졸랐다. 하지만, 그녀는 조건을 하나 걸었는데, 교회를 다니면 결혼하겠다는 것이었다. 내가 교회를 다니게 된 이유는 오직 결혼 때문이었다. 벌써 40여년이 지난 일이지만, 아내와의 약속은 지금까지 잘 지키고 있다. 교회에서 봉사도 열심히 하였고, 믿음 생활은 내 삶의 일부가 되어 주일이면 교회에 출석하는 일이 일상이 되었다. 그러나 시간이 흐르면서 마음속에 두 가지 큰 혼란이 찾아왔다.

  첫째, 세상에서 크리스천들이 점점 매력을 잃어가고 있다는 점이었다. 어느 기관에서 조사한 '한국인의 종교 매력도 조사'를 본 적이 있는데, 불교가 가장 매력 있는 종교로 꼽히고, 그 다음이 천주교, 그리고 기독교는 그 뒤였다. 왜 이런 현상이 나타나는지 깊은 고민에 빠졌다.

  둘째, 교회 안에서는 성도들이 열심히 봉사하고 잘 지내는데, 막상 세상에서는 영향력을 발휘하지 못하는 모습이다. 하나님을 믿는다고 고백하면서도 삶 가운데 선행이 없으니, 세상으로부터 인정받지 못하는 기독교와 성도들이 되어가는 모습. 과연 하나님께서는 이런 모습을 어떻게 바라보실까 궁금했다.

16세기 종교 개혁 당시, 부패한 교회를 개혁하려 했던 루터와 같은 인물들은 "오직 믿음"을 외쳤다. 구원은 오직 믿음으로 받지 행위로 얻는 것이 아니라고 말이다. 이 믿음의 기조가 100여 년 전 한국 기독교에도 뿌리내리며 자리 잡았고, '오직 믿음'을 강조하다 보니 행함에 대한 문제는 여전히 한국 교회의 숙제로 남아 있는 것 같다.

이제 30여 년간 회사에 다니다가 몇 년 전 은퇴한 나는, 크리스천으로서 마음 한 편에 아쉬움이 있었다. 직장 생활을 하며 발견한 크리스천들의 회사에서의 모습은 대체로 세 가지 유형으로 분류할 수 있을 것 같다.

첫째, Sunday 크리스천이다. 주일이면 열심히 교회를 다니지만, 회사에 출근하면 크리스천의 향기가 느껴지지 않는 경우다. 나 역시 이 부류에 속했을지도 모르겠다. 둘째, 믿음 생활은 열심히 하나 회사에선 조용히 점심 시간에 혼자 성경 공부만 하면서 하나님만 바라본다며 동료와의 교류가 거의 없는 경우다. 이들은 결국 회사 생활에 적응하지 못하고 평가 결과도 만족스럽지 못해 도태되는 모습을 보곤 했다.

하나님이 원하시는 바람직한 유형은 베드로 전서 2장 12~13절에 나옵니다. 바로 일터에서도 하나님의 종으로 살아가는 것. 인간이 세운 제도와 권위도 주님을 위해 존중하고, 일터에서 믿지 않는 사람들이 비난할 때 선한 행실을 보여줌으로써 주님의 영광을 드러내는 것이 진정 하나님이 원하시는 모습이다.

교회에서는 24시간 주님과 동행하라고 하지만, 과연 그것이 어떤 삶일지 고민해 본 적이 있는가? 세월이 흘러 장로가 되었지만, 말이 장로이지 '나는 정말 잘 믿고 있는 사람인가?', '하나님 말씀대로 살고 있는가?'를 스스로에게 수없이 질문하곤 했다. 하나님께서는 원수를 사랑하라고 하셨고, 몸과 삶 전체를 산 제물로 드리라고 하셨는데, 과연 나는 그렇게 살고 있는가? 십수 년 전, 장로 피택을 받을 때 한 선배 장로님께서 하신 말씀이 지금도 기억난다. '이제 장로가 되었으니 세상 친구 정리하고 믿음 안에서 살아라. 교회 수요 예배, 금요 예배 그리고 새벽 기도회에 빠지지 말고 참석해라.' 그 말씀 또한 내게는 큰 숙제였다. 그렇다면 세상 친구를 다 정리하고, 회사를 그만두어야 하는가? 믿지 않는 사람은 만나지 말라는 뜻인가? 그렇다면 복음 전도는 언제 해야 하는가?

사실 나는 젊을 때 대중 앞에서 말도 못 하던 내성적인 사람이었다. 그런데 지금은 대중 앞에서 강의를 할 정도로 부족한 나를 하나님께서 키워주셨고, 결국 대기업의 사장까지 맡게 되었다. 하나님께서 이렇게 부족한 자를 세우셨는데, 그 뜻은 무엇일까? 나는 무엇을 해야 하는가? 이런 질문을 하나님께 하게 되었다. 이러한 고민들을 정리하고자 6년 전 미국의 한 신학대학교에 입학했다. 열심히 신학 공부를 하며 하나님께 받은 질문들을 하나씩 정리해 나가는 기쁨이 있었다.

중고등학교를 다닐 때, 영어 숙어를 공부한 적이 있을 것이다. 그때 배운 숙어 중에 'Either A or B'와 'Both A and B'가 있었다. 'Either A or B'는 A와 B 중 하나를 선택하는 것이고, 'Both A and B'는 A와 B 모두를 선택하는 것을 의미한다. 나는 지금까지 '예수를 잘 믿는다'는 것을 하나님의 자녀(A)와 세상에서 살아가는 사람(B) 둘 중에 A의 삶을 극대화하는 것이라고 생각했다. 또한 하나님의 거룩한 것(A)과 세상의 것(B)을 잘 구분하고 분별하여 사는 것이 참된 믿음의 길인줄로만 알았다. 그러나 요즘에 깨달은 것은 그것이 전부가 아니라는 점이다.

예수님도 이 땅에 오실 때 하나님이시지만 동시에 인간 God and Man 으로 오셨다. 우리도 마찬가지다. 이 땅에서 우리는 하나님의 자녀(A)이며 동시에 가정주부(B), 회사원(B), 아버지이자 어머니(B)로 살아간다. 즉, 하나님의 자녀(A) 그리고 세상 속의 역할(B) 모두를 함께 살아가는 것이 신앙의 모습이다. 이것이 내가 신학을 공부하면서 내린 결론이다.

하나님과의 올바른 관계는 이웃을 향한 올바른 행동을 통해서만 완성된다는 이야기이다. 나는 사위가 두 명 있다. 큰 사위는 믿음 좋은 청년으로, 함께 찬양과 예배를 드리며 가족 예배를 이끌어가는 모습이 보기 좋았다. 하지만 둘째 사위는 믿지 않는 청년이었기에 결혼 전에 약속을 받았다. 첫째는 교회에 잘 나가야 하고, 둘째는 결혼식은 반드시 목사님을 주례로 모시고 혼인 예배로 드려야 한다는 것이었다. 둘째 사위는 지금 믿음 생활을 잘 하고 있다. 작은 딸을 통해 사위를 구원하고, 나아가 작은 사위 집안 전체를 구원할 수 있다면 얼마나 큰 열매일까? 그래서 요즘 깨닫는 것은 믿는 사람과 결혼하는 것도 귀하지만, 믿지 않는 자와 결혼하여 그 가정을 구원하는 것 또한 귀한 일이라는 것이었다. 믿는 자든 믿지 않는 자든, 모두 하나님께서 창조하신 귀한 존재이다. 우리는 세상과 거룩한 것을 너무 구분 짓지 말고, 모든 것을 품을 수 있는 폭 넓은 수용성을 가져야 한다.

'Both A and B'를 실천하는 하나님의 자녀이자 가정 주부, 엄마, 아빠, 그리고 직장인으로 살아가기 위해서 몇 가지 필요한 규칙이 있다. 다시 말해, 예측할 수 없는 어려운 상황에 흔들릴 때 다시 원점으로 돌아오는 기준이 있어야 한다는 것이다. 내 경험으로는 이렇게 삶의 상황이 흔들릴 때 내 믿음을 지켜주고 하나님의 자녀로 살아가도록 하는 몇 가지 규칙이 도움이 되었다. 이렇게 쌓인 믿음의 규칙은 어떠한 상황에서도 다시 하나님 앞의 원점으로 돌아올 수 있게 하는 힘이 된다.

내가 가지고 있는 규칙은 매우 간단하다. 첫째는, 기도와 말씀, 그리고 예수동행일기이다. 아침에 일어나 가장 먼저 하는 일은 기도드리는 일이다. 이어서 큐티QT : 기도와 묵상을 하면서 하나님을 만나는 조용한 시간을 통해 하나님의 말씀을 듣고 묵상한다. 그리고 하루를 마무리할 때, 하나님의 말씀을 거울 삼아 예수동행일기를 쓴다. 나는 12년 전부터 매일 저녁 일기를 써왔고, 지금까지 약 4,500회 정도 일기를 썼다. 일기를 쓰며 하루의 삶을 정리하고 돌아본다.

어떤 날에는 마귀의 유혹에 넘어가기도 한다. 하지만 일기를 통해 하나님께 용서를 구하고 다시 믿음의 원점으로 돌아갈 수 있게 된다. 지난 삶의 여정 속에도 수많은 고난과 고통이 있었지만, 아침의 기도와 말씀, 저녁의 예수동행일기는 나를 하나님의 자녀로 살아가게 해 준 든든한 믿음의 기둥이었다.

아무리 큰 바람개비가 바람의 영향을 받아 돌고 있어도, 그 중심은 늘 조용하고 움직이지 않는다. 이처럼 우리의 삶이 거친 풍파로 흔들릴지라도, 잠자리에 들기 전 예수님을 바라보며 일기를 쓴다는 일은 우리 자신을 다시 예수님 중심으로 옮겨놓는 일이며, 그로 인해 주님이 주시는 마음의 평안을 누릴 수 있게 된다.

둘째는, 모든 일을 하나님이 주신 소명으로 여기는 것이다. 하나님의 자녀로서, 21세기를 살아가는 한 사람으로서, 우리가 집에서 가사일을 하든 회사에서 업무를 수행하든 이 모든 것은 하나님이 주신 소명이라는 의식을 가져야 한다. 회사에서 하는 일은 단지 회사가 맡긴 업무일 뿐 아니라, 하나님께서 맡기신 소명이라 생각한다면 일에 대한 태도와 가치관은 완전히 달라질 수 있다.

흔히 소명이라고 하면 목회자의 사명만을 떠올리기 쉽지만, 그것이 전부는 아니다. 하나님은 우리 각 사람에게 서로 다른 일들을 맡기셨고, 그 일이 바로 각자에게 주신 소명이다. 가정에서 가정주부로 일하고 있다면, 그것은 가정 주부로서의 소명을 받은 것이며, 회사에서 일하고 있다면, 그 일터가 소명의 자리가 되는 것이다. 우리가 그 일들을 통해 이웃을 사랑할 수 있다면, 그것이 바로 하나님의 명령을 실천하는 도구가 된다.

가정에서 엄마로, 아내로 일하며 살아가는 것 역시 "이웃을 사랑하라"는 하나님의 최고의 명령을 실현하는 삶의 방식이다. 회사에서는 까칠한 동료나 선배를 만날 수 있고, 집에서는 속을 썩이는 자녀를 만날 수도 있다. 그들을 사랑하고 용서하며 인내하는 것은 하나님을 닮아가는 과정이며, 성화되어 가는 길이다. 결국 우리의 일상적인 일들은 하나님의 자녀로 자라나는 수단이며, 성숙으로 나아가는 여정이다.

나는 믿음에도 단계가 있다고 생각한다.

1단계는, 우리가 죄인임을 고백하고 회개하여 주님 앞으로 돌아오는 것이다.
2단계는, 하나님의 자녀로서 이 땅에서 바르게 살아가는 것이다.
3단계는, 하나님의 창조 사역에 동참하는 것이다.

태초에 하나님은 천지 만물을 창조하셨다. 아무것도 없는 공허 속에서 독창적이고 기발한 아이디어로 인간의 신비로운 몸을 만드시고, 아름다운 꽃을 창조하셨다. 엿새 동안 일하신 후 마지막 날 인간을 창조하시고, 이 창조 세계를 다스리고 정복하라는 명령을 주셨다.

하나님은 이 땅을 완전히 채우지 않으시고, 일부는 비워 두셨다. 그리고 그 빈 공간을 우리가 채워가길 원하셨다. 이 빈 공간을 채워가는 일이 곧 하나님의 창조 사역에 동참하는 것이다. 하나님은 무無

에서 많은 것을 창조하셨지만, 우리는 이미 많은 것을 가지고 있다. 자녀도 있고, 배우자도 있고, 부모도 있으며, 가정과 일터도 있다. 비록 그들이 완벽하지 않고 때때로 힘들게 할지라도, 하나님처럼 창의적인 아이디어로 그들을 가장 귀하고 아름다운 존재로 다듬어가는 일은 창조 사역에 동참하는 길이다.

가정의 원재료가 다소 부족하더라도, 하나님이 주신 창의력으로 평범한 가정을 넘어서, 하나님이 보시기에 아름답고 사랑이 넘치는 가정으로 만들어가는 일 역시 창조의 사역이다. 우리가 하루종일 일하는 일터도 나를 통해 더 아름다운 곳으로 바뀐다면, 우리는 하나님의 창조 사역에 실제로 동참하고 있는 것이다.

믿음으로 사는
새로운 삶이란?

파스칼은 17세기 프랑스에서 태어난 유명한 수학자이자 물리학자, 발명가였으며, 동시에 철학자이자 신학자였다. 이런 천재였던 그가 30세를 갓 넘긴 나이에 깊은 고민에 빠지게 된다. '정말 하나님은 살아 계시는가?' 그리고 '기독교를 수용해야 하는가, 거부해야 하는가?' 하는 근본적인 질문 앞에 선 것이다. 결국 그는 수도원에 들어가 그 질문에 대한 답을 찾게 된다. 그가 찾은 결론은 "하나님은 분명히 살아 계신다"는 것이었다. 이후 파스칼은 하나님의 존재를 증명하기 위해 많은 글을 남겼고, 그중 하나가 바로 파스칼의 내기 논증이다.

이 논증의 의미는 이렇다. 우리가 기독교의 믿음을 받아들이는 것이 이득인지, 거부하는 것이 이득인지를 놓고 '내기'를 해보자는 것이다. 기독교의 믿음을 받아들이면 예수님을 믿게 되고, 이 땅에서 믿음으로 새로운 삶을 살다가 죽은 뒤 천국이 있다면 천국에 들어가게 될 것이다. 그렇다면 대박 난 인생이 되는 것이다. 만약 천국이 없다 하더라도, 믿음을 수용한 삶 자체가 풍요롭고 의미 있는 삶이기 때문에 충분히 남는 장사라는 것이다. 반대로 기독교의 믿음을 거부하면 이 세상에서는 세상 기준으로 살다가 죽게 되며, 만약 지옥이 있다면 그보다 더 큰 재앙은 없을 것이다. 지옥이 없다면 그나마 다행이지만, 어떤 경우에도 믿음을 받아들이는 편이 훨씬 더 이득이라는 것이 이 논증의 결론이다. 파스칼은 이렇게 기독교를 믿어야 한다고 강하게 주장하며 살았고, 서른아홉 살에 세상을 떠났다. 이처럼 복음을 받아들이고 예수님을 믿고, 믿음으로 이 땅에서 새로운 삶을 살아가면서 영생을 누리는 것이 모든 성도들의 공통된 소망일 것이다.

하지만 현실을 보면, 모든 성도들이 기독교를 수용하고 예수님을 믿는다고 고백은 하지만, 실제 삶 속에서 믿음으로 살아가는 단계에 이르지 못하는 경우도 많다. 믿음으로 살아가는 단계까지 가야 영생의 축복을 누릴 수 있는 것이다. 요한복음 8장 51절에는 '사람이 내 말을 지키면 죽음을 영원히 보지 아니하리라'라는 말씀이 있다. 이 말씀을 거꾸로 해석하면 '사람이 내 말을 지키지 않고 믿음 생활을 하지 않으면 죽음을 볼 수 있다'라는 뜻이 될 것이다. 로마서 1장 17절에서는 '복음에는 하나님의 의가 나타나서 믿음으로 믿음에 이르게 하나니, 기록된 바 오직 의인은 믿음으로 말미암아 살리라 함과 같으니라'라고 되어 있다. 이 말씀의 의미는 믿음을 통해 구원에 이른다는 것이다. 물론 믿음 없이도 선한 삶을 사는 사람도 있을 수 있다. 하지만 그런 삶은 주님께서 구원하시지 않는다고 말씀하신다. 반드시 믿음의 단계를 거쳐야 구원받는 것이다. 믿음의 단계를 거친다는 것은 '하나님의 의가 나타나서 믿음으로 믿음에 이르게 하나니'라는 말씀처럼, 참된 믿음을 가진 사람은 반드시 믿음의 삶을 살도록 이끌어 주신다는 것이다. 그런데 믿음이 있다고 말하면서도 실제 삶에서는 믿음대로 살지 않는다면, 그 믿음이 참된 믿음인지 다시 살펴봐야 한다.

  믿음 생활을 오래한 성도들도 때로는 넘어질 수 있다. 가볍게 넘어질 때도 있고, 크게 넘어질 때도 있다. 그럴 때마다 자기 전에 주님께 기도하거나, 예수동행일기를 쓰면서 회개하고 다시 돌아오게 된다. 그렇다. 우리는 예수님처럼 완전하지 않기 때문에 실수도 하고 넘어질 수도 있다. 하지만 80% 정도는 믿음 안에서 살아가고, 20% 정도는 그렇지 않게 살아간다면, 그래도 전체적으로는 믿음의 사람으로 보일 것이다. 그러나 50%는 믿음으로 살고, 나머지 50%는 믿지 않는 사람처럼 산다면 어떨까? 믿지 않는 사람들에게는 그가 '교회 다닌다더니 은혜로울 때도 있고, 어떨 때는 까칠하게도 군다'며 혼란스러워할 것이다. 그러나 반대로, 믿지 않는 사람들은 세상 기준에서 일관성 있게 사는 경우가 많기 때문에, 믿는 사람의 '왔다갔다 하는 모습'은 더 위선적으로 비춰질 수 있다. 이런 모습 때문에 세상은 성도들을 비난하고, 교회를 인정하지 않게 되는 안타까운 일들이 생긴다. 이 문제는 교회 안에서도 비슷하게 일어난다.

  성도들은 믿음으로 살고 있든 그렇지 않든, 교회에서 하나님의 기준을 배우게 된다. 그러므로 스스로는 믿음으로 살지 못하면서도, 다른 성도가 믿음으로 사는지 아닌지를 분별하고 판단하기도 한다. '저 장로님은, 저 권사님은 믿음으로 안 사는 것 같아'라는 말이 나오기도 한다. 이렇게 되면, 우리는 믿지 않는 사람뿐 아니라 믿는 사람들에게도 위선자로 비쳐질 수 있다. 그래서 이제는 이런 위선자의 자리에서 벗어나, 진짜 믿음의 사람으로 살아가는 모습을 보여야 한다.

성경 66권 중에서 믿음으로 사는 삶의 기준을 가장 잘 정리한 책은 로마서다. 로마서의 전체 구성을 보면, 1장부터 11장까지는 믿음의 핵심 교리, 즉 '이방인이나 유대인이나 모두 믿음으로 말미암아 구원을 받는다'라는 내용을 담고 있고, 12장부터는 믿음으로 살아가는 삶의 기준을 가르쳐 준다. 12장에서는 하나님을 섬기는 삶을, 13장에서는 세상 권세에 순종하고 이웃을 사랑하라는 가르침을, 14장에서는 남을 비판하지 말라는 기준을, 15장에서는 자기가 아닌 다른 사람을 기쁘게 하라는 기준을 제시하고 있다. 보통 중요한 내용을 앞에 두는 관점에서 본다면, 로마서 12장의 '하나님을 섬기는 삶'이 가장 중요한 믿음의 기준이라 할 수 있을 것이다.

12장은 21절로 구성되어 있는데, 그 중에서도 1절과 2절이 가장 핵심적인 말씀이다. 로마서 12장 1절을 보면, '그러므로 형제들아, 내가 하나님의 모든 자비하심으로 너희를 권하노니, 너희 몸을 하나님이 기뻐하시는 거룩한 산 제물로 드리라. 이는 너희가 드릴 영적 예배니라'라고 이야기한다. 이것이 하나님께서 제일 먼저 말씀하신 믿음으로 사는 삶의 기준인 것이다. 우리의 몸을 '산 제물'로 드리라는 것이다.

나는 12년 전에 SK 그룹의 사장직에서 은퇴를 했다. 은퇴 전까지는 출근을 하면 늘 회사가 제공한 차량과 운전기사가 집 앞에 대기하고 있었고, 그 차를 타고 회사에 도착하면 경비원이 차 문을 열며 인사를 했다. 나도 겸손하게 '고맙습니다'라고 인사하고 들어갔다. 사무실에 올라가면 비서가 커피 한 잔을 정성스럽게 준비해주곤 했다. 항상 내 주변에는 나를 대접하고 챙겨주는 사람들이 있었다. 이런 모습이 당시의 나의 일상이었다. 그런데 어느 날 은퇴하자, 그런 모든 것들이 한순간에 사라졌다. 나를 대접하던 사람들도, 승용차도, 기사도, 비서도 다 사라졌다. 때로 나를 무시하거나 홀대하는 사람들도 만나게 되었고, 그런 상황에 화가 나거나 힘들기도 했다. 갑자기 회사를 그만두고 갈 곳이 마땅치 않았던 내 모습이 안쓰러워 보였는지, 아내가 집 근처에 오피스텔 한 칸을 마련해 주었고, 나름 멋지게 인테리어까지 해주었다.

　어느 날 인테리어 공사 현장을 보고 싶어 차를 몰고 오피스텔로 가서 주차를 하며 '제가 이 건물 입주자이니 차량 등록을 해주세요'라고 요청했다. 등록하지 않으면 주차비를 지불해야 한다는 설명을 듣고, 당연히 그렇게 한 것이었다. 그런데 경비원이 나를 향해 '왜 거짓말을 하느냐'며 소리치며 나를 몰아세웠다. 나는 경비원이 인사하고 문 열어주는 사람이라 생각하고 있었기 때문에 그 상황이 너무 당황스러웠다. 나중에 알게 된 사실인데, 인테리어 회사 사장님이 매일 공사 현장을 방문하면서 주차비를 내는 것이 부담되어, 자신이 입주자라고 하며 차량 등록을 해버렸던 것이다. 나는 이런 사실을 모른 채 진짜 입주민이라고 말했으니, 경비원이 오해할 수도 있었겠다는 생각이 들었다.

이 갈등을 겪으며 내가 깊이 깨달은 것이 있다. 나는 다른 사람에게 대접받는 데는 익숙하지만, 남을 섬기는 훈련은 받지 못한 사람이라는 사실이다. 내 몸을 산 제물로 삼아 이웃과 하나님을 섬기는 자가 아니었던 것이다. 그 후로 나는 나름대로 훈련을 하기 시작했다. 내 몸이 산 제물이 된다는 것은 내가 속한 공동체 안에서 내 몸을 아끼지 않고 섬기는 것을 의미한다. 일터에서는 여유가 있을 때 커피 몇 잔을 사서 동료들에게 나눠주고, 각자의 위치에서 합당한 일을 찾아 몸으로 섬기는 것, 이런 것이 산 제물의 모습이다.

가정에서 산 제물로 산다는 게 뭐 그리 특별하겠는가? 설거지하고, 청소하고, 쓰레기를 버리는 등 작은 일들을 통해 몸으로 섬기는 것이다. 연세 많으신 어른들 중에는 남자가 부엌에서 얼쩡거리면 체신머리 없다고 하시는 분들도 계시고, 남자가 설거지하면 남성미가 떨어진다고 말하는 사람도 있다. 하지만 그것은 사람들의 기준이지 하나님의 기준이 아니다.

하나님께서 정하신 중요한 기준 중 하나는 바로 내 몸을 산 제물로 드리라는 것이다. 그리고 로마서 12장 2절 말씀은 이렇게 이어진다. '너희는 이 세대를 본받지 말고, 오직 마음을 새롭게 함으로 변화를 받아, 하나님의 선하시고 기뻐하시고 온전하신 뜻이 무엇인지 분별하도록 하라' 이 말씀의 의미는, 세상 사람들이 만들어 놓은 기준을 본받지 말고, 하나님의 기준을 따라 살아가라는 것이다.

'제물'이라는 단어는 구약 시대에는 동물을 잡아 번제로 드리는 것을 말했는데, 그 본질은 내가 죽는 것이다. 우리는 날마다 내 자아는 죽고, 내 몸은 산 제물로 드려야 한다. 또한 제물은 동물이 자기 죄 때문에 희생되는 것이 아니라, 사람의 죄 때문에 희생당하는 것이다. 이것이 제물의 본질이다.

살다 보면 이웃 중 허물이 있을 수 있다. 그 잘못을 덮어주고 짐을 함께 져주는 것이 바로 하나님이 말씀하신 제물이 되라는 뜻이다. 우리는 종종 다른 사람들을 비판하게 된다. 그 이유는 내가 그 사람보다 더 높아지고 싶은 마음이 있기 때문이다. 비판이 습관이 되면, 결국 내 주변 사람들을 다 낮추게 되고, 그만큼 나 자신도 낮아진다. 반대로 내 주변 사람들을 높이면 나도 함께 높아진다. 이것이 하나님께서 말씀하시는 원리다. 남을 비판하면 내 마음에 기쁨이 있을 수 없다. 비판하는 삶은 내 생명을 갉아먹는 것이다. 그래서 어떤 일이 있어도, 우리는 남의 잘못을 보기보다는 기쁨을 주는 삶을 살아야 한다. 이것이 믿는 자의 삶의 기준이다.

나도 이제 나이가 들면서 생각하게 되는 게 있다. 나이 들수록 조심해야 할 것이 있다. 오랜 경험에서 나오는 자기 주장, 그리고 대접받고 싶은 마음이다. 하나님께서 '어른을 공경하라, 부모에게 효도하라'고 말씀하신 것은 젊은 사람들에게 주신 기준이다. 반면, 나이 든 사람들에게 주신 하나님의 기준은 젊은 사람들을 어렵게 하지 말라는 것이다. 그래서 나는 나이 들어 갈수록 잘 늙어 가고 싶다는 생각을 자주 하게 된다.

'이 세대를 본받지 말라'라는 말씀은 곧 삶의 우선 순위를 하나님께 두라는 뜻이다. 옛날 부모님 세대는 자녀를 많이 낳고, 그 자녀를 키우는 것이 인생의 전부였다. 자녀가 인생의 1순위였다. 그러나 이제는 그 자녀가 2순위로 내려오고, 하나님이 1순위가 되어야 한다. 돈을 벌고, 권력을 유지하고, 명예를 찾는 것도 중요하지만, 하나님께서는 그것들을 모두 2순위로 미루고, 하나님과의 관계를 1순위에 두라고 말씀하신다. 보통 3순위나 4순위는 1순위를 위협하지 않지만, 2순위는 자주 1순위를 위협한다. 그래서 2순위를 조심하라는 것이다. 자식 사랑, 돈, 명예, 재물… 이런 것들이 2순위가 되어서 1순위를 위협하지 않도록 분별해야 한다.

우리가 살아가다 보면 하나님의 기준들끼리 충돌하는 경우도 있다. 그럴 때는 우선순위를 잘 분별해야 한다. 예를 들어 기생 라합Rahab은, 원래 자신에게 중요한 1순위가 부유한 손님들이었지만, 하나님의 뜻을 깨달은 순간, 그 우선순위가 바뀌었다. 그녀는 하나님의 백성을 돕는 것을 1순위로 두고, 자신의 목숨을 걸고 '거짓말 하지 말라'라는 하나님의 기준을 어겨가며 정탐꾼을 숨겼다. 그 결과 라합은 하나님의 구속사(하나님이 인류를 구원하기 위해 역사 속에서 어떻게 일하셨는지를 다룬 이야기) 안에 들어간 4명의 여자 중 한 명이 되었다. 이처럼 우선순위의 충돌 속에서 우리는 더 높은 순위, 곧 하나님의 뜻을 선택해야 한다.

기독교의 믿음을 받아들이고, 예수를 잘 믿고, 이 땅에서 내 몸을 산 제물로 드리며 하나님의 기준대로 살아간다는 것은 살아보니 정말 쉬운 일이 아니었다. 나 역시 이 문제를 온전히 해결하고 싶은 마음에 신학 공부를 시작했는데, 결국 나의 능력과 의지로는 불가능하다는 것을 알게 되었다. 지금 나의 결론은, 예수님과 온전한 동행, 이것이 정답이라는 생각이다. 성경 말씀에도 '먼저 그의 나라와 그의 의를 구하라'고 되어 있다. 그게 정답인 것 같다.

여기서 그의 나라라는 것은 무슨 의미일까? 성경에는 이렇게 나와 있다. '하나님의 나라는 먹는 것과 마시는 것이 아니요, 오직 성령 안에서 의와 평강과 희락이라.' 즉, 하나님과 함께 잘 사는 것이 아니라, 하나님과 함께 기쁨을 누리는 삶, 그것이 하나님의 나라라는 것이다. 그래서 '24시간 예수님과 행복한 동행'이 정답인 것이다. 그리고 거기에 조금 보태어 이 땅에서 믿음으로 살면서 더 풍성한 열매를 맺기 위해 필요한 2순위와 3순위가 있다면, 그것은 능력과 품격일 것이다.

능력이란, 세상에서 마귀의 권세가 강한 현실 속에서 마귀와 싸워서 이길 수 있는 영적 힘이다. 그리고 품격이란, 우리가 만나는 모든 사람들에게 주님의 성품을 닮아 후덕하게, 따뜻하게 대하는 삶의 태도이다. 하나님은 우리를 하나님의 자녀라고 부르셨다. 그 자녀가 준비가 되어 있으면 하나님은 더 큰 것을 주시겠지만, 준비가 되어 있지 않다면 주고 싶어도 줄 수가 없는 것이다. 많이 주면 오히려 탈이 날 수 있기 때문이다. 이 땅에서 내가 속해 있는 그 자리, 그곳에서 하나님이 나를 세우시기 위해 세상과 싸울 수 있는 능력을 키워야 한다. 이것만큼은 우리의 몫인 것이다.

이 세상이 작동하고 있는 사회, 경제, 문화의 모든 분야에서 그 원리와 이치를 우리가 제대로 이해하면, 하나님의 말씀을 더 잘 적용할 수 있다. 반대로 세상이 돌아가는 이치를 모르고 살아간다면, 하나님의 말씀을 적용하는 데 많은 어려움이 생길 수 있다. 그래서 하나님의 말씀을 이 시대에 잘 적용하려면 이 세상의 원리와 이치도 공부해야 한다. 또한, 하나님의 말씀을 실제 삶에 적용하면서 얻은 경험치와 데이터가 많을수록, 더 정확하게 하나님의 뜻을 분별할 수 있게 된다. 그러면서 우리는 늘 만나는 사람들에게 은혜롭게, 후덕하게 대하는 사람이 되어야 한다. 그럴 때 하나님은 우리를 통해서도 일하실 것이다.

로마서 12장 1절과 2절 말씀에 이어지는 말씀은 바로 교회를 향한 믿음의 기준이다. 이 또한 매우 중요한 기준인데, 이 말씀을 보면 '각 사람에게 하나님이 나눠 주신 믿음의 분량대로 지혜롭게 생각하라'라고 되어 있다. 이 말의 의미는, 주님이 주신 믿음의 분량대로 분수를 지키라는 것이다. 믿음의 분량이 작은데 교회 와서 너무 큰일을 하려고 하지 말고, 그냥 주시는 대로 하면 된다는 것이다. 그리고 뒤이어 보면, 우리는 그리스도 안에서 한 몸이고 서로 다른 지체라는 말씀도 있다. 하나님이 우리에게 주신 기능과 역할은 모두 다르다는 것이다. 손이 발에게 '너 왜 밑에 있느냐'고 말해서는 안 되는 것이고, 비슷한 역할을 하는 오른팔과 왼팔이 있다면, 오른팔이 좀 부족하더라도 왼팔이 산 제물이 되어 헌신하면 된다는 뜻이다. 예수와 동행하는 삶 속에서는 서로 미워할 일이 없다. 주님이 주신 마음대로, 분수대로 하면 되는 것이고, 다른 성도가 좀 못하면 내가 더 하면 되는 것, 그게 바로 교회의 모습 아닐까?

어느 신학자가 연구해서 발표한 자료인데, 미국의 자료이긴 하지만 의미가 깊다. 스스로 기독교인이라고 말하는 사람들 중에, 실제로 믿음으로 사는 사람은 10%밖에 되지 않는다는 내용이었다. 나머지 90%는 자신을 교인이라고 말하지만, 삶의 모습은 그렇지 않다는 것이다. 나도 처음에 들었을 땐, '10%는 너무 적은 수치가 아닌가?' 싶었지만, 그 연구 결과가 던지는 메시지는 분명했다. 믿는다고 말은 하지만, 실제 믿음으로 살아가지 않는 사람이 과반수 이상이라는 것이다.

이 말을 들었을 때 나는 큰 충격을 받았다. 믿음으로 사는 10%는 분명히 구원받을 것이라 확신하지만, 믿음과 삶이 다른 90% 중에 과연 몇 퍼센트가 구원을 받을 수 있을지 모르겠다. 분명 그것은 하나님의 영역이고, 인간이 판단할 수 있는 일은 아닐 것이다. 그러나 한 가지, 하나님께서 그 90%를 심판하실 때는 정말 많은 고민이 있으실 것이라는 생각은 변함이 없다. 믿음으로 살아가는 우리 모두가 그 10%에 들어가는 축복을 누리길 소망한다.

세상 속의 매력적인
그리스도인이란?

나는 하나님을 좀 더 잘 체계적으로 알고 싶어서 신학대학원에 입학했다. 신학대학원 과정 중에 신약 성경을 두 학기 동안 공부했는데, 그 과정에서 제일 감동적으로 다가온 책이 베드로 전서였다.

베드로 전서는 베드로 사도가 당시 소아시아 지역에 흩어져 사는 그리스도인들에게 쓴 편지로 알려져 있다. 아마도 A. D. 60년대 말에 쓰인 것으로 추정되는데, 당시의 상황을 보면 그리스도인들은 유대 배경에서 하나님을 믿다가 A. D. 30년경 돌아가신 예수님을 메시아로 영접하면서 본인들의 종교를 유대교에서 그리스도교로 바꾸게 되었다. 하지만 그 당시 모든 사회의 제도와 풍습과 여건이 유대교에 맞춰져 있었기 때문에 예수님을 믿는다는 것은 적지 않은 고난이 따라오는 삶을 예고하였다.

예수님을 믿어서 받는 고난을 피할 수 있는 방법은 세 가지 정도가 있었는데, 첫째는 유대교로 다시 돌아가는 것. 둘째는 고난을 주는 사회와 분리되어 산 밑의 수도원에 들어가 그들 만의 삶을 사는 것. 셋째는 고난을 주는 사람들에게 강력하게 대항하며 싸우는 길이었다. 그런데, 하나님은 베드로 전서를 통해 그리스도인들에게 그렇게 하지 말라고 하시며 다른 길을 말씀하신다.

주님이 제시하신 대응책은 이러했다. 첫째, 한 사람 한 사람이 거룩한 성도가 되어 거룩한 공동체를 이루어라. 그리고 그 공동체 안에서 스스로 염려하고 서로 사랑하며 살아가라는 것. 둘째, 서로를 의지하며 세상에 나아가 선한 일을 많이 함으로써, 믿지 않는 사람들에게 매력적인 그리스도의 증인이 되라는 것이다. 이 말씀은 오늘을 살아가는 우리에게도 여전히 적용되는 말씀이다.

선한 일을 많이 하자

선한 일이란 우리가 만나는 모든 사람에게 기쁨을 주는 일이다. 영어 성경에서는 '선한 일'을 'Good Work'이라고 표현하는데, 선한 일은 정해진 틀이 있는 것이 아니다. 예를 들어, 길을 가다 만난 배고픈 노숙자에게 라면 한 그릇과 김밥 한 줄을 사주면 그 사람은 분명 기뻐할 것이다. 반면, TV에 자주 나오는 어떤 대기업 회장님을 만나 반가운 마음에 '회장님, 제가 라면 한 그릇 사드리겠습니다'라고 하면, 회장님은 기뻐하지 않고 오히려 이상하게 여길 것이다.

가끔 점심을 해결하러 동네 분식집에 가면, 나이 드신 아주머님이 혼자서 음식을 준비하고, 서빙도 하며, 카드 결제까지 직접 처리하시느라 매우 바쁘다. 그래서 나는 점심시간에는 아주머님의 수고를 덜

어드리고자 카드 대신 현금으로 결제한다. 이 일로 아주머님이 기뻐하신다면 그것이 선한 일이 되는 것이다. 고속도로 톨게이트에서 통행료를 지불할 때에도, 짧은 순간 "수고하십니다"라고 인사하는 것도 선한 일이다. 이처럼, 어디를 가든지 내가 만나는 모든 사람에게 짧은 순간이라도 기쁨을 주는 것이 바로 선한 일이다.

베드로 전서 2장 12절은 이렇게 말하고 있다. '너희가 이방인 중에서 행실을 선하게 가져, 너희를 악행한다고 비방하는 자들로 하여금 너희 선한 일을 보고 권고하시는 날에 하나님께 영광을 돌리게 하려 함이라.'

선한 일을 하기 위해서는 패러다임의 변화가 반드시 필요하다. 즉, 사물을 보는 방식, 생각, 가치관이 바뀌어야 선한 일을 할 수 있다는 것이다.

성경이 말하는 첫 번째 패러다임의 변화는 자기 유익보다 남의 유익을 구해야 한다는 것이다. 나는 경영학을 전공했고, 대학에서 마케팅 과목을 배우며 이런 정의를 들었다.

'마케팅이란, 소비자가 지급한 돈의 가치보다 더 큰 부가가치를 제공하여 소비자가 만족을 느끼게 하는 것이다.'

예를 들어, 소비자가 설렁탕 한 그릇에 만 원을 지불했다면, 그가 느끼는 만족도는 만 이천 원 정도여야 한다는 것이다. 그렇다면 소비자는 이천 원 정도의 기쁨을 얻고 돌아가게 된다. 이때 돈은 기쁨의 부산물로 따라오는 것이다. 마케팅을 할 때 처음부터 '이 상품을 팔면 얼마가 남겠다'라고 이익부터 계산하면 그 사업은 결국 성공하지 못한다. 하나님의 말씀인 '남의 유익을 우선하라'라는 진리는 우리가 세상을 살아가는 데 꼭 필요한 기준이다. 남을 위해 살아갈 때, 더 큰 열매를 얻을 수 있다. 속담에도 '소탐대실'이라는 말이 있다. 이 말은 나의 유익을 위해 한순간 작은 이익을 탐내지 말라는 이야기이다. 남을 위해 살아갈 때 우리는 더 큰 열매를 얻을 수 있다.

두 번째 패러다임의 변화는 남을 판단하지 말고 간섭하지 말라는 것이다. 베드로 전서에서도 남을 판단하는 것은 죄라고 주님은 말씀하신다. 나는 오랫동안 기업에서 인사 관리 업무를 맡았고, 대기업의 인사 총괄을 하기도 했다. 그 영향으로 나는 많은 사람을 평가하고 면접을 봐야 했다. 면접을 보면 성격이 급해 합격 여부를 바로 결정하는 습관이 생겼고, 몇 날 며칠 함께 일한 후배들에 대해서도 '저 친구는 팀장까지만 하겠다', '임원까지는 가겠다', '운이 좋으면 사장도 되겠다'고 쉽게 판단하게 되었다. 그러나 요즘 곰곰이 돌아보면, 그런 습관은 매우 무서운 것이었음을 느낀다.

우리는 누군가를 보면 자연스럽게 판단하게 된다. 예를 들어, 길에서 멋진 사람을 보면 '참 멋있다', 예의 없는 사람을 보면 '참 매너가 없네'라며 판단한다. 하지만 주님이 말씀하시는 것은, 그런 판단을 하더라도 마음에 오래 두지 말고, 그 판단의 결과를 묵상하거나 말로 표현하지 말라는 것이다. 남을 판단하고 싶은 욕구는 결국 내가 저 사람보다 우위에 서고 싶은 마음, 간섭하고 싶은 마음, 내가 주인이 되어 권력을 행사하고 싶은 욕망에서 비롯된다. 그래서 하나님은 '남을 판단하지 말라'고 단호히 말씀하신다.

성경 전체에서 '사랑하라'는 명령의 반대말은 '미워하라'가 아니라, 바로 '판단하라'이다. 사랑이 성경의 핵심 가치라면, 판단은 그 반대이며, 주님의 명령을 거스르는 행위다. 우리는 자주 만나는 사람들, 특히 가족을 더 쉽게 판단한다. 이럴 때는 우리는 그 판단의 욕구를 '그들을 위해 더 기도하라'라는 하나님의 음성으로 바꾸어 들어야 한다. 나는 매일 예수동행일기를 쓰면서 그날 있었던 판단의 생각들을 잠자기 전에 내려놓는다. 이것이 예수동행일기의 유익 중 하나다.

세 번째 패러다임의 변화는 개인의 유익보다 공동체의 유익을 먼저 추구해야 한다는 것이다. 공동체란 내가 속해 있는 가정, 직장, 동호회 그리고 섬기고 있는 교회 등을 의미한다. 이 공동체 안에서 내 유익이 아니라 공동체의 유익을 위해 목숨을 다해 섬긴다면, 그 일이 바로 선한 일이 된다. 예수님처럼 내가 죽고, 그 공동체를 위해 헌신한다면 하나님은 나를 통해 역사하신다. 이것이 바로 이 땅에 하나님의 나라를 세우는 길이다. 그렇기에 목회자들이 교회를 세우는 사역도 귀하지만, 평신도가 자신이 속한 자리에서 공동체를 위해 온 힘을 다하는 것도 매우 귀한 일이다. 열심히 노동하여 가족을 부양하는 것도 가족 공동체를 위한 선한 일이며, 밥을 짓고 청소하는 것도 하나님께 영광이 되는 선한 행위다. 이런 일들을 '희생'으로만 보면, 나중에 대가를 바라고 실망하기 쉽다. 하지만 이것이 하나님 나라를 이루는 일임을 안다면, 그 자체가 기쁨이다.

직장에서도 마찬가지다. 내가 속한 팀 전체를 위해 일하면, 그 공동체 안에 하나님의 영광이 드러나고 주님이 그 조직의 주인이 되신다. 나아가, 공동체의 크기를 키우는 것도 중요하다. 내 가정이 부부와 자녀만 있는 작은 나라가 아니라, 사촌, 육촌, 처가, 시댁, 사돈 가족까지 품는다면 훨씬 더 큰 하나님 나라를 세우는 것이 된다. 직장에서 승진해 더 큰 조직을 맡게 된다면, 더 큰 조직 안에서 하나님의 뜻을 이룰 수 있게 된다. 따라서 내가 속한 공동체의 크기를 극대화하는 것은 이 땅에 하나님 나라를 세우는 일과도 연결되어 있다.

거룩한 공동체를 창조하자

세상에서 매력적인 그리스도인이 되기 위해서는 거룩한 공동체를 창조해야 한다. 거룩한 공동체는 바로 거룩한 교회를 의미한다. 교회는 세상으로부터 비난받아서는 안 되며, 거룩한 교회 공동체의 본질은 하나님의 집이어야 한다. 하나님은 공동체의 아버지이시고, 성도는 형제자매이다. 교회는 영적 에너지를 충전하고, 주님의 품 안에서 쉼을 누리는 곳이다. 교회는 선교 단체, 봉사 단체, 학교가 아니다. 이 모든 기능은 사역일 뿐, 교회의 본질은 쉼과 사랑의 공동체이다.

만약 우리가 능력 있는 부모를 만나 그 울타리 안에 있다면 그다지 큰 걱정 없이 살 수 있을 것이다. 하지만 더 나아가 의미 있는 삶을 살기 위해선 혼자 힘으로는 어렵고, 함께 나누고 동역할 형제자매와 친구가 필요하다. 마찬가지로 우리는 예수님 한 분이면 충분하고 그분의 울타리 안에서 평안할 수 있다. 그러나 예수님께서는 주 안에서 의미있는 삶을 살기 위해, 믿음의 공동체 안에서 함께 사랑하고 협력하라고 말씀하신다. 우리는 그런 공동체, 교회를 만들어야 한다. 우리가 피곤한 몸을 이끌고 주일에 교회로 향할 때, 교회는 일하는 곳이 아닌 쉼을 누리는 곳이 되어야 한다. 감사한 마음으로 사역을 감당할 수도 있지만, 주님 품 안에서 안식을 누리는 일이 우선되어야 한다. 이것이 교회의 본질이다.

교회는 예수님의 피로 맺어진 형제자매들이 모인 믿음의 집이다. 형제, 자매는 서로 사랑하고 아껴주기 마련이다. 필요하다면 서로를 위해 돈과 시간을 아낌없이 투자하고, 허물을 덮어주기 위해 애쓴다. 물론 갈등과 다툼이 없기는 어렵다. 쉽지 않고 어쩌면 불가능해 보이지만, 24시간 예수님과 동행하며 주님의 마음을 품으면 가능하다. 그렇기에, 결국 거룩한 공동체를 창조한다는 것은 주님을 바라보는 일이다.

동시에, 선한 일을 한다는 것은 세상을 바라보는 일이다. 어떤 그리스도인은 주님만 바라보고 세상엔 무관심하고 거의 바라보지 않는다. 세상에 별 관심이 없이 교회 안에서만 머무른다면, '땅 끝까지 가서 복음을 전하라'라는 하나님의 명령은 수행할 기회조차 얻을 수 없을 것이다. 이런 모습을 주님이 안타까워하시지 않을까? 반대로, 어떤 이들은 주님은 거의 바라보지 않고, 세상만 바라보기도 한다. 그래서 이 둘의 균형이 필요하다. 하나님을 바라보며, 동시에 세상을 향해 나아가는 균형 있는 삶을 살아야, 이 땅에서 매력적인 그리스 도인이 될 수 있다.

아름다운 마음들이
모여서

섬기는 교회에서 교육위원장으로 봉사하며 교회 주일 학교 예배에 가끔씩 참석했다. 그런데 어린이부 예배에 참석하면 자주 듣게 되는 찬양곡이 있었다. '아름다운 마음들이 모여서'이다. 가사는 이렇다.

> 아름다운 마음들이 모여서
> 주의 은혜 나누며
> 예수님을 따라 사랑해야지
> 우리 서로 사랑해
> 하나님이 가르쳐준 한가지
> 네 이웃을 네 몸과 같이
> 미움, 다툼, 시기, 질투 버리고
> 우리 서로 사랑해
>
> 이 다음에 예수님을 만나면

> 우리 뭐라 말할까
> 그때는 부끄러움 없어야지
> 우리 서로 사랑해
> 하나님이 가르쳐준 한가지
> 네 이웃을 네 몸과 같이
> 미움, 다툼, 시기, 질투 버리고
> 우리 서로 사랑해

초등학생들이 예배를 드리면서 순수하고 밝은 표정으로 주님을 향해 노래하는 모습이 참 귀엽고 아름다웠다. 한편으로 부럽기도 하였다. 나는 20대 중반이 되어서야 주님을 만났는데, 나도 더 일찍 주님을 만났으면 하는 아쉬움도 있었다.

아름다운 마음들이 모여서 가정을 이루고, 믿음의 공동체를 이루고, 일터의 공동체를 이루면서 서로 사랑만 하고 살아가면 얼마나 좋을까 하는 생각도 하게 된다. 미움, 다툼, 시기, 질투 다 버리고 이웃을 내 몸 같이 사랑만 하고 살아가면 그 곳이 바로 천국이라는 생각도 한다.

그러면 아름다운 마음이란 과연 어떤 모습일까? 우리의 마음도 분명 하나님이 창조하신 것이 분명할 텐데…. 맨 처음, 하나님이 창조하신 마음의 원형은 아름다운 마음 그 자체일 것이다. 그 후 인간의 죄로 인해 마음은 타락하게 되었다. 타락된 마음을 회복하는 일은 우리 각자가 해야 할 몫으로 다가온다. 믿음 생활 한다는 의미는 타락한 마음을 회복시키는 과정이라 여겨진다.

  타락한 마음을 회복시키기 위한 기본은 회개와 믿음 그리고 날마다 말씀과 기도로 우리의 마음을 채워 나가는 것임은 분명하다. 오랜 삶의 경험을 통해 얻게 된, 아름다운 마음을 위한 나 나름대로의 방법론 몇 가지를 제시하고자 하다.

  첫째는, 아름다운 마음을 갖기 위해서는 무엇보다도 삶이 단순해야 한다. 단순한 삶을 통해 불필요한 생각이 내 마음에 들어오는 Input 양을 최대한 줄여야 하는 것이다. 현대 사회는 복잡한 인간관계, 급변하는 시대적 흐름, 차고 넘치는 정보의 홍수 속에서 살아남기 위해서라며 우리를 끊임없이 분주하게 만든다. 그러나 이러한 삶의 방식이 반드시 우리를 행복하게 하거나 영적으로 성장시키는 것은 아니다. 오히려 단순한 삶이 우리를 성숙한 크리스천으로 살아가게 하는 데 더 유익할 수 있다.

  단순한 삶은 우리의 마음에 평온을 주고, 주님과의 친밀한 동행을 가능하게 한다. 삶이 복잡하면 수많은 선택과 결정의 부담이 따르지만, 단순한 삶은 우리의 마음이 본래 지닌 하나님의 형상과 본질에 집중할 수 있도록 도와준다. 예를 들어, 미래에 대한 불안 때문에 은행 융자를 받아 많은 부동산을 소유했다고 가정해보자. 이때 코로나 같은 위기 상황으로 임대가 되지 않고, 이자율까지 급격히 상승한다면 그로 인해 생기는 걱정과 불안, 재정적인 스트레스는 마음의 평안을 잃게 만들고, 하나님과의 관계를 유지하는 것마저 어려워지게 된다. 우리가 겪는 많은 고난은 사실 우리 스스로 만들어 놓은 결과

일 수 있다. 게다가 주님께서 창조하신 자연의 섭리와 질서를 지키기 위해 개입하지 않으시는 경우도 많다.

복잡한 삶을 살다 보면, 기도와 하나님의 말씀 묵상은 늘 우선 순위에서 밀려나기 쉽고, 주님과의 친밀한 관계 유지 또한 점점 더 어려워진다. 우리의 시간과 에너지를 분산시키는 불필요한 생각들이 근본적으로 삶 속에서 발생하지 않도록, 삶 자체를 최소한 단순화할 필요가 있다.

복잡한 삶은 끊임없이 더 많은 것을 원하게 하지만, 단순한 삶은 현재의 것에 만족하고 감사하게 한다. 단순한 삶을 산다는 것은 물질적으로 부족하게 사는 것이 아니라, 더 이상 부족함을 느끼지 않는 것을 의미한다. 우리 삶에서 스트레스와 불안의 주된 원인은 바로 '잃을까 봐 두려운 것' 때문이다. 하지만 단순한 삶을 살아가면, 더 이상 물질적 소유나 명예, 돈, 성공을 위해 우리의 마음을 소모하지 않게 되고, 하나님이 주시는 진정한 자유를 경험하게 된다. 주님을 믿기로 작정한 그 순간부터, 단순한 삶은 우리의 삶의 방식이 되어야 한다.

둘째는, 마음의 정화 시스템을 구축하고 수시로 생각의 쓰레기를 버리자는 것이다. 우리의 삶이란, 우리가 하는 생각과 그 결과들의 집합체라고 할 수 있다. 생각이 우리 마음에 자리 잡게 되면 감정과 행동으로 이어지고, 그것이 반복되면 습관이 되며, 그 습관들이 모여 결국 우리의 삶의 모습이 된다.

생각은 마음 속에서 싹트는 씨앗이 되며, 모든 것은 하나의 생각,

하나의 씨앗에서 시작된다. 우리가 무엇을 믿고, 어떻게 해석하는지에 따라 우리의 감정과 행동이 달라진다. '나는 가능성이 많아'라고 생각하면 도전하는 삶을 살게 되고, '나는 할 수 없어'라고 생각하면 위축된 삶을 살게 된다.

생각이 계속 반복되고 굳어지면 하나의 감정이 형성되고, 이는 우리가 어떤 행동을 할지를 결정하는 중요한 요소가 된다. 감정은 결국 행동으로 이어진다. 두려움을 느끼면 피하게 되고, 자신감을 느끼면 도전하게 된다. 한 번의 행동은 그저 순간적인 것일 수 있지만, 같은 행동이 반복되면 습관이 되고, 그 습관이 쌓이면 우리 인생의 방향이 결정된다. 결국 우리는, 우리 생각이 만들어낸 길 위를 걷게 되는 것이다. 멋진 인생을 살기 위해서는 멋진 생각을 해야 한다.

매일 반복되는 일상을 살아가면서 우리는 세상이 주는 생각들, 세속적인 욕심과 욕망에서 비롯된 생각들, 그리고 마귀가 넣어주는 생각들이 우리의 마음에 들어오는 것을 막을 수 없다. 중요한 것은, 우리 마음에 들어온 생각들이 유해한지 여부를 분별할 수 있는 '마음의 정화 시스템'을 우리가 스스로 갖추어야 한다는 점이다. 그리고 유해한 생각으로 분류된 생각의 '쓰레기'를 처리할 수 있는 방안도 준비되어 있어야 한다.

하나님께서 인간을 창조하실 때, 우리 몸에 들어오는 해로운 물질(독소 등)을 효과적으로 제거할 수 있도록 완벽한 몸의 정화 시스템을 만드셨다. 가장 중요한 정화기관인 간은 독소를 분해하여 혈류를 통해 배출하고, 신장은 혈액을 여과하여 불필요한 물질과 독소들을 소변을 통해 내보낸다. 장은 음식물 속 독소를 대변으로 배출하고, 폐는 공기 속의 독소를 호흡을 통해 배출한다. 피부를 통해서도 중금속과 독소가 배출된다.

하지만 하나님은 우리 마음을 창조하실 때, 마음의 정화 시스템은 만들어주지 않으셨다. 대신 각자에게 자유 의지를 주시고, 각자 나름대로의 정화 시스템을 스스로 만들어 작동하기를 원하셨다. 생각과 감정 사이에는 빈 공간이 존재하는데, 이 빈 공간을 '마음의 정화 시스템'으로 채우는 것이 필요하다.

생각이 마음에 오래 머물게 되면 행동을 유발하는 감정이나 판단 기준이 되기 때문에, 생각이 굳어지기 전에 반드시 마음의 정화 시스템을 작동시켜야 한다. 이를 통해 하나님의 뜻에 합당한 생각인지, 마귀가 넣은 생각인지, 세상의 욕심에서 비롯된 생각인지를 분별해야 한다. 이러한 과정을 거쳐 발생된 생각의 쓰레기들은 하루가 지나기 전에 반드시 버려야 한다.

매일 밤 잠자리에 들기 전에 쓰는 '예수동행일기'가 바로 이런 작업이다. 이 일기는 하루를 살아가며 마음에 들어온 생각들을 정화 시스템을 통해 분류하고, 발생된 생각의 쓰레기를 버리는 소중한 경건 연습이다. 이를 통해 우리의 마음속에는 좋은 생각, 하나님의 뜻에 합당한 생각만 남게 된다. 생각들이 모여 나의 삶의 최종 모습을 결정짓는다고 한다면, 매일 쓰는 예수동행일기는 영원한 생명을 향해 나아가는 한 걸음 한 걸음이 되는 것이다.

한국 크리스천 청년들을
위한 제언

　　　　　수년 전, 교회에서 진행되던 남성 리더들의 새벽 모임에 강사로 초청을 받아 잠언 31장 25절, '능력과 존귀로 옷을 삼고 후일을 웃으며'에 대해 강의하게 되었다. 이 말씀을 묵상하고 강의를 준비하면서 깊은 감동이 있었는데, "앞으로 어떻게 살아가야 하나?"를 고민하는 이 땅의 크리스천 청년들에게 이 말씀을 잘 정리하여 믿음의 선배로서 그들의 삶의 자리에서 신앙의 의미를 잘 찾아갈 수 있도록 돕고 싶은 마음이 들었다.

　교회 안에서는 열심이지만, 세상에서는 아무런 영향력이나 감동을 주지 못하는 무기력한 크리스천, 또는 신앙과 실제 삶 사이의 괴리를 이기지 못해 결국 교회 울타리를 벗어나게 되는 크리스천들이 많다. 이러한 이들을 보살피는 일이 나의 소명이라고 여겨, 잠언 31장 25절 말씀을 붙잡고 지난 수년 간 이 소명을 열심히 감당해 왔다. 그러던 중 복음서를 공부하면서 새로운 소망이 생겼다. 지금까지 잠언 말씀을 기반으로 정리해 활용해 왔던 '청년 크리스천을 향한 믿음의 선배로서의 제언'을, 복음서에 기록된 예수님의 가르침에 따라

보완하여 새로운 버전으로 써 보고자 하였다.

먼저, 오늘날 한국 청년들이 처한 현실을 살펴보면, 2000년 무렵, 한국은 여전히 분단 국가였고 국제 정세도 불안했지만 경제·문화적으로 심각한 위기 상황이라고 느껴지진 않았다. 왜냐하면 IMF 시절의 어려움을 극복했고, 2002년 월드컵 개최, UN 사무총장 배출, K-POP 열풍 등으로 한국 사회는 충분히 희망을 발견할 수 있다고 여겼기 때문이다. 그러나 현재, 많은 청년들이 우리 사회를 '총체적 위기'로 느끼고 있다. 그 이유는 크게 세 가지로 살펴볼 수 있다.

첫째, 세대 간의 갈등과 빈부 격차 문제다. 그 배경에는 급속한 근대화가 원인으로 자리잡고 있다. 압축적 경제 성장은 빈부 격차와 양극화 갈등을 심화시켰고, 자유민주주의의 형성 과정에서 나타난 이념의 차이와 정치 권력의 배분의 문제, 그리고 파당적 갈등이 복합적으로 작용하면서, 세대 갈등과 청년 문제를 더욱 심각하게 만드는 원인이 되었다.

둘째, 심각한 취업난이다. 취업난에 시달리는 20~30대 청년들의 체념과 죄책감은 사회 공포증을 유발하고, 대인 관계를 기피하게 만드는 우울증으로 이어지기도 한다. 전세계를 휩쓸었던 코로나19 사태는 청년들의 취업 상황을 더욱 악화시켰다. 실업률 증가, 비정규직 확대, 빈부 격차 심화 등으로 인해 한국의 청년들이 더 깊은 절망의 늪으로 빠져들까 걱정된다.

셋째, 정신적인 불안과 공포이다. 한국의 청년들은 고용과 삶의 불안정성 속에서, 기성세대가 누렸던 번영과 안정이 자신들에게는 이어지지 않을 것이라는 불안을 느낀다.

'삼포 세대', '금수저/ 흙수저' 등의 용어는 이러한 청년들의 절망과 현실 인식을 상징적으로 드러내는 표현들이다.

한국 사회의 총체적 위기 속에서, 그 어느 때보다도 불안한 청년들은 교회를 통해서라도 위로 받고 싶어 하지만, 오히려 실망을 안고 교회를 떠나는 모습을 자주 보게 된다.

청년들은 더 이상 교리적 믿음이나 제도에 갇힌 신앙을 요구하지 않는다. 삶에 투자하지 않는 열심, 실천 없는 궤변은 진정한 믿음이라고 생각하지 않는다. 한국 교회는 신앙과 삶의 괴리에 대한 답을 청년들에게 제시하지 못하고 있는 측면이 있다. 세상의 지배적인 가치에 얽매여 삶에 지치고, 경쟁에서 낙오되며, 그렇다고 구별되게 살지도 못하는 이 땅의 청년들에게 한국 교회는 그들을 살리는 역할을 감당해야 한다. 다시 말해, '오늘, 여기에서의 삶'의 의미를 가르치지 못한 교회의 신앙과 신학이 문제다. 그간 한국 교회는 구원론 위주의 세계관과 죽음 이후의 영원한 삶에 중점을 두었기에, 현재 이 땅에서의 삶의 의미를 제대로 가르치지 못했고, 이 땅에서 아파하는 청년 크리스천들을 제대로 안아주지 못했다.

기독교인들은 오늘 이 땅에서의 삶을 경시하는 경향이 있다. 전도서 3장 13절은 '사람마다 먹고 마시고 수고함으로 낙을 누리는 것이 하나님의 선물인 줄 또한 알았도다'라고 이야기한다. 즉, 이 땅에서의 수고함(직업/ 일)은 하나님의 선물인 것이다. 예배를 통해 영적인 능력을 공급받고, 삶의 모든 영역에서 노동을 통해 하나님을 예배할 수 있기 때문에, '일'은 하나님을 삶 속에서 섬기며 예배하는 귀한 수단이 된다. 크리스천들은 직업을 소명Vocation, 부르심Calling의 차원으로 접근해야 한다. 하나님이 나를 이 땅에 보내신 뜻은 무엇인지, 나는 그 일을 통해 어떻게 하나님께 영광을 돌리고, 이웃 사랑을 실천하는 삶을 살아갈 수 있는지에 대한 소명, 그것에 대한 깊이 있는 탐색이 반드시 이루어져야 한다.

복음서를 기반으로 한 잠언 31장 25절 살펴보고자 한다. 먼저 '능력으로 옷을 삼고' 구절을 살펴본다. 마태복음 25장에는 '달란트 비유'가 나온다. 주인이 타국으로 떠나기 전, 세 명의 종을 불러 각각 그 재능대로 금 5 달란트, 2 달란트, 1 달란트를 나눠 주고 떠난다. 오랜 시간이 지난 후 주인이 돌아와 결산하게 되었는데, 5 달란트를 받은 자는 5 달란트를, 2 달란트를 받은 자는 2 달란트를 더 남겨서 주인에게 바쳤다. 그러나 1 달란트를 받은 자는 땅에 묻어 두었다가 그대로 가져왔다는 이야기이다.

잘 알려져 있듯, '달란트'는 오늘날 우리가 사용할 책임이 있는 천부적인 재능을 의미하기도 한다. 마태복음 25장의 비유처럼, 하나님께서 우리 한 사람 한 사람을 이 땅에 보내실 때 각자에게 주신 특별한 사명이 있다고 믿는다. 그리고 그 사명을 감당할 수 있도록, 하나님은 서로 다른 능력들의 조합을 부어 주셨다.

사람마다 사명이 다르고, 그 사명에 따라 주님이 주신 천부적인 능력의 종류와 크기가 다르다. 어떤 자는 계산을 잘하는 능력, 어떤 자는 사람을 설득하는 능력, 운동을 잘하는 능력, 남을 잘 섬기는 능력 등 다양한 능력들이 각기 다른 조합으로 주어진 것이다.

한편으로, 잠언 31장 25절의 영어 성경 구절은 다음과 같다. 'She is clothed with strength and dignity; she can laugh at the days to come.' 한글 성경의 '능력'을 영어 성경에서는 'strength'라고 번역하고 있다. 이는 단순히 ability나 capability가 아니라, 강인함의 속성을 강조하는 strong의 명사형이다. 즉, 하나님께서 주신 능력 중 가장 강한 것을 다듬고 연마하여 strength로 만들어야 한다는 가르침으로 해석할 수 있다. 곧, 강한 능력을 더 강하게 만들라는 뜻이다. 그리고 그 강한 능력이 무엇인지 찾는 과정은, 결국 하나님께서 부여하신 본인의 사명을 알아가는 길이기도 하다.

그러나 안타깝게도 오늘날 많은 청년들은 자신의 사명을 찾지 않고 편한 길, 인기 있는 길을 찾아 헤맨다. 예를 들어, 요즘은 국가 공무원이 인기 있는 직업이다. 급여는 높지 않더라도 평생 직장이 보장되고, 은퇴 후 연금이 비교적 높은 수준으로 보장되기 때문이다. 현재 약 60만 명 정도가 공무원 시험을 준비하고 있으며, 그중 성공 확률은 약 5%에 불과하다는 통계가 있다. 많은 청년들이 젊은 시절을 허무하게 낭비하고 있는 것이다.

달란트 비유를 해석할 때 하나님께서 주신 달란트를 모험을 무릅쓰고 사용해야 한다라는 해석이 있다. 이 해석도 타당하지만, 나는 이렇게 해석하고 싶다. '하나님이 주신 달란트를 그냥 묻어두지 말고, 실제로 삶과 일 속에서 적용하여 계속적으로 연마하고 강하게 만들어야 한다.' 약 30여 년간 인력 개발 업무에 종사하면서 얻은 확신은 인간의 능력을 키우는 가장 좋은 방법은 '일을 통한 육성'이라는 것이다. 실제로 '자기 개발'이나 '교육 훈련'을 통한 육성의 비중 약 30% 정도에 불과하다는 연구 결과도 있다.

따라서 우리는 주님이 주신 강한 능력(장점)이 무엇인지 찾아 계속 사용하고 연마함으로써 더 강하게 만들어야 한다. 이런 사람을 우리는 '한 칼이 있는 자', 또는 '엣지edge가 있는 자'라고 표현한다. 진정한 프로가 되기 위해, 청년 크리스천들은 자신의 일에 목숨을 건 승부를 평생 한 번쯤은 해보아야 한다.

마태복음 25장 26절은 1 달란트를 땅에 묻어둔 종에게 '악하고 게으른 종'이라고 꾸짖는 장면이다. 주어진 사명을 감당하기 위해, 열매를 얻기 위해서는 일정 수준 이상의 인내와 부지런함이 필요하다. 물이 끓기 위한 온도인 100도에 도달하려면 에너지를 지속적으로 공급해야 한다. 그러나 대부분의 청년들은 95도 정도까지는 열심히 하다가 포기하는 경우가 많다. 마지막 몇 도를 채우는 인내와 지속적인 부지런함이 반드시 필요하다.

5 달란트를 받은 종은 장사를 해서 이익을 남겼지만, 1 달란트를 받은 종은 땅에 묻어 두었다. 지금으로 말하면, 은행에 그냥 넣어두는 것과 같다. 하나님이 주신 달란트를 어디에서, 어떻게 사용할 것인가가 매우 중요하다. 즉, 이 땅에서의 소명을 잘 감당하려면, 직업을 잘 선택해야 한다는 의미이기도 하다.

이어서 직업 선택의 기준으로 네 가지를 제시하고 싶다. 첫째, '나의 소명에 적합한가?' 하나님이 나에게 주신 소명을 이루는 데 유리한 직업인지를 점검해야 한다. 둘째, '내가 하고 싶은 일인가?' 하고 싶은 일이라도 잘 할 수 있는 일인지 살펴봐야 한다. 요즘 어린 아이들에게 프로 선수가 인기인데, 취미로 좋아하는 것과 실제로 경쟁을 뚫고 프로 선수가 될 정도로 운동을 잘 할 수 있는지는 전혀 다른 문제이다. 셋째, '내가 잘할 수 있는 일인가?' 잘하는 일, 좋아하는 일을 하면 쉽게 짜증을 내지 않고 신나서 몰두하게 된다. 넷째, '앞으로 돈이 되는 영역인가?' 이 부분도 평가해 봐야 한다. 최선을 다했으나 성과가 없으면 지속하기 어려워진다. 미래의 경제 동향도 예측해 보는 노력이 필요하다.

이 모든 것 위에 우리는 하나님께 우리의 길을 인도해달라고 기도해야 한다. 그러면 반드시 인도해 주시리라 믿는다. 하지만 이 땅에서 주님이 허락하신 일을 열심히 하는 것은 우리의 몫이다. 또한, 하나님이 주신 능력을 잘 다듬어 소명을 위해 사용하는 것 또한 우리의 책임이다. 어떤 분야에서 사명을 감당할지도 스스로 결정해야 한다. 때로는 잘 다듬어 놓은 능력이 당장 사용되지 않을 수도 있다. 그래도 우리는 준비해야 한다. 신랑을 기다리는 신부처럼 항상 준비하고 있어야 그 때가 왔을 때 하나님이 사용하실 수 있다. 준비되지 않은 자는 하나님도 사용하기 어렵다.

이어서 '존귀로 옷을 삼고' 구절의 의미를 살펴본다. '존귀'라는 단어는 영어 성경에서 'dignity'로 표현되어 있다. 이 단어의 사전적 의미를 살펴보면 위엄, 품위, 품격, 존엄성, 자존감 등으로 해석된다. 이

중 '품격'이라는 단어가 가장 이해하기 쉬울 것 같아, 앞으로는 이를 중심으로 설명하고자 한다.

그렇다면, 품격이란 과연 무엇을 의미하는가? 복음서를 통해 그 의미를 살펴보자. 품격을 가장 핵심적으로 가르치는 성경 말씀은 누가복음 6장 31절이다. '남에게 대접을 받고자 하는 대로 너희도 남을 대접하라.' 즉, 황금률이다.

인간을 평가할 수 있는 덕목은 크게 두 가지로 나눌 수 있다. 첫째, 이력서에 기록되는 덕목Spec이다. 예를 들면, 영어 성적, 재직 중인 회사, 직책 등 개인의 공식적 성취와 능력을 의미한다. 둘째는 조문弔文에 담기는 덕목이다. 장례식장에서 조문객들이 고인에 대해 말할 때 나오는 표현들이다. '그는 정이 많은 사람이었어', '남을 참 잘 대접하던 사람이었지'와 같이 그 사람이 어떻게 인간관계를 맺고 살아왔는지, 곧 그의 인격과 품격을 나타내는 것이다.

대부분의 사람들은 조문 덕목이 이력서 덕목보다 더 중요하다고 말할 것이다. 하지만 현실적으로는 조문 덕목보다는 이력서 덕목 개발에 더 집중하며 살아온 것이 사실이다. 현재의 교육 제도 역시 이력서 중심의 경쟁력 개발에 초점이 맞추어져 있다.

품격을 갖추기 위해서는 자신의 본성 중 약한 부분을 정직하게 대면해야 한다. 능력이 강한 것을 더 강하게 만드는 것이라면, 품격은 나의 약한 본성을 찾아내어 그것을 하나님의 성품을 닮은 방향으로 다듬는 것이다. 성령의 9가지 열매 가운데 부족한 부분을 인식하고, 그 부분을 날마다 채워 나가야만 진정한 품격을 갖춘 삶이라 할 수 있다.

품격의 의미를 이렇게 정의해 보고자 한다. '천국 같은 세상을 만들어 가기 위해, 만나는 모든 사람을 잘 대접하고 기쁘게 해주는 본성', 이 정의처럼 우리는 누구를 만나든 그 순간 그를 기쁘게 해주는 삶을 살아가야 한다. 환경미화원을 만나든, 고속도로 톨게이트 직원을 만나든, 그들에게 진심을 담아 대하고 웃음을 전할 수 있다면, 우리 자신도 기쁨을 얻게 될 것이다.

남을 잘 대접하기 위해서는, 나의 본성 중 취약한 부분을 인식하고, 그 약점을 강하게 단련하기 위해 최선을 다해야 한다. 예를 들어, 자기중심성이 강한 사람을 생각해보자. 이러한 성향은 단련하지 않으면 부정적인 방향으로 발전할 수 있다. 그중 하나는, 이기심, 즉 자신의 이익을 위해 타인을 이용하려는 욕망으로 이어질 가능성이다. 또 다른 하나는 자만심이다. 자신이 타인보다 더 우월하다고 여기는 욕망이 생기기도 한다. 이러한 성향은 자신의 불완전성을 무시하게 하고, 자신의 덕목을 과장하거나 정당화하려는 경향으로 이어지게 된다.

임마누엘 칸트는 이러한 인간 본성에 대해 다음과 같이 말했다. '인간이라는 뒤틀린 목재에서 곧은 것이라고는 그 어떤 것도 만들 수 없다.' 이 말은 인간은 본성적으로 완전하지 않으며, 품격은 끝없는 자기 훈련과 하나님의 성품을 닮아가는 노력 속에서만 만들어진다는 의미다.

마지막으로 '후일을 웃으며' 구절의 의미를 살펴본다. 젊을 때부터 능력과 품격을 옷처럼 입고 살아가면, 후일에 웃을 수 있다는 하나님의 가르침에 전적으로 공감한다. 앞서 언급한 바와 같이, 품격은 능력보다 더 의미 있는 것이다. 다시 말해, 이력서에 적히는 덕목보다 조문에서 들을 수 있는 덕목이 더 중요하다는 뜻이기도 하다.

하나님께서 우리에게 주신 여러 능력 중에서 강한 능력을 더 강하게 연마하여 '한 칼'을 만든다고 해서, 반드시 성공하는 것은 아니다. 때로는 그 준비된 칼을 사용할 기회를 갖지 못할 수도 있고, 기회를 얻어 제대로 사용했음에도 불구하고 기대한 성과가 없을 수도 있다. 심지어 성과가 있었지만, 그것이 다른 사람에게 돌아가는 경우도 있다. 어떤 경우에는 오히려 큰 고난이 찾아올 수도 있다.

이러한 현실 앞에서 우리는 먼저 성공에 대한 정의를 바로 세울 필요가 있다. 단순히 높은 지위에 오르거나 많은 돈을 버는 것이 반드시 성공이라고 말할 수는 없다. 이 땅에서 하나님 나라를 세워가는 일에 조금이라도 보탬이 된다면, 그것이 곧 성공한 삶이라고 여겨진다. 우리가 살아가는 이 세상을 천국처럼 변화시키는 데에 작은 역할이라도 했다면, 그것이야말로 참된 성공이다. 물론, 더 큰 능력을 통해 더 많은 열매를 맺고, 더 많은 보탬이 된다면 더욱 바람직한 일일 것이다.

또한, 고난을 어떻게 바라볼 것인가에 대해서도 분명한 가치관이 필요하다. 고난을 통과한 끝에 형성된 품격만이 진정한 품격이라 할 수 있다. 고난 속에서도 기쁨과 감사로 살아갈 수 있는 능력이 있어야, 그 상황 속에서도 다른 사람을 기꺼이 대접할 수 있게 된다. 고난 앞에 무너진다면 그 고난은 그저 시련으로만 남겠지만, 고난을 이겨

내고 나면 그것은 곧 축복이 된다.

어떠한 상황이든, 심지어 고난 가운데서라도 만나는 모든 사람을 잘 대접하고 기쁘게 해줄 수 있는 품격만 있다면, 우리는 노년에도 웃을 수 있을 것이다. 젊을 때부터 남을 섬기는 본성이 훈련되고 개발되어 있다면, 나이 들어서도 대접받기만을 원하는 사람이 되지 않을 것이다. 오히려 힘이 닿는 한, 이웃과 가족을 섬기기 위해 최선을 다할 것이고, 그러한 삶은 결국 노년에 웃을 수 있는 삶으로 이어지게 될 것이다.

종합적으로 정리해 보고자 한다. 한국은 1945년 해방이 되고, 1948년 대한민국 정부가 수립된 이후 급격한 성장을 이뤘다. 전 세계의 1인당 국민소득을 사람의 키로 비유하여 170센티미터라고 가정한다면, 대한민국의 키는 이미 400센티미터가 되었다. 우리는 이미 '거인'이 된 나라에 살고 있다. 그러다 보니 그림자도 커졌다. 그 그림자만 바라보면, 때로는 지옥 같은 대한민국처럼 보일 수도 있다.

하지만 우리 조국은 세계 10대 부유한 국가이며, 세계 1위의 치안 국가이다. 편리한 교통과 통신 시설을 갖추고 있고, 세계가 주목하는 반도체와 전자기기를 생산하며, 올림픽과 월드컵을 성공적으로 치러낸 경험도 있다. 전 세계가 열광한 K-pop과 한류 또한 대한민국의 자랑이다.

이 땅의 청년 크리스천들이 힘들어하지 말고, 아파하지 말고, 좌절하지 말며, 희망과 용기로 담대히 일어서길 간절히 기도한다. 주님께서 주신 능력과 품격을 잘 연마하며, 늘 예수님과 동행하는 풍성한 삶을 살아가길 바라는 마음이다.

다섯

걸작은 하늘에서 완성될 것이다

조각가의 망치와 끌이
멈춰버렸다

거친 나를 과감히 조각해 왔던 아내는, 어느 순간 스스로 감당하기 어려울 만큼 성장한 나의 믿음의 열매를 바라보며, 조각품의 남은 세밀한 작업은 주님께 온전히 맡긴 듯했다. 그 이후로는 남편인 내가 예수님과 계속 동행하고 있는지, 아니면 혼자 걸어가고 있는지를 살펴보는 '감시자'의 역할을 감당했다.

'사부와 제자'를 소재로 한 중국 무협 영화가 생각난다. '사부'는 영어로는 'Master' 정도로 번역되지만, 그 의미를 온전히 담기엔 한계가 있다. 사부는 중국 유교 전통에서 비롯된 개념으로, 당시 중국에서는 부유한 사람만이 교육을 받을 수 있었는데 공자는 수업료도 받지 않고, 숙식까지 제공하며 제자들을 가르쳤다. 이처럼 '사師'는 가르치는 스승을 의미하고, '부父'는 먹이고 키우는 아버지를 뜻한다. 곧 사부는 '스승이자 아버지'인 것이다.

내게는 아내 조미정 권사가 이러한 영적 사부, 스승이었다. 하나님을 전혀 몰랐던 나를 하나님 앞으로 강력히 이끌어 주었고, 하나님을 알게 하는 사명을 완벽히 감당했다. 가난했던 내 삶의 재정 문제를 해결하기 위해 헌신적으로 노력하며, 아버지의 역할까지도 대신해 주었다. 평소에는 따뜻하게 보살피다가도, 제자가 인격 수양이나 훈련을 게을리하면 단호하게 꾸짖는 것이 사부였다. 그리고 제자의 실력과 인품이 어느 수준에 다다르면 "하산하라"고 명령한다. 아내 역시 나의 영적 성장이 일정 수준에 이르자, 사부처럼 조용히 '하산'을 명했다. 이제는 내가 혼자서 예수님과 동행하길 바랐던 것이다.

남편이 교회 장로로서 목회자들과 성도들을 섬기는 일에 있어서도, 아내는 재정적으로 아낌없이 동참해 주었다. 장로로 섬기던 몇 년 동안은, 결혼하는 교회 목회자의 첫날 밤 호텔 숙박을 내가 부담하기도 했다. 장로 회장 시절에는 새로 부임하는 목회자 가족을 초대해 환영식도 열었다.

회사 은퇴 직전, 친구의 권유로 경기도 용인에 규모가 큰 주택을 마련했다. 그곳에서 수많은 목회자, 성도, 지인, 아카데미 학생들, 그리고 30년 이상 직장 생활을 함께 했던 후배들을 초대해 하나님의 사랑을 나누는 시간을 가졌다. 제주도 건물 임대료 대신으로 매년 제주산 돼지고기 두 마리가 집으로 배달되었고, 2년간 총 네 마리의 돼지고기를 구워 많은 이들을 섬겼다. 많을 때는 40명 가까운 인원이 모였다.

고기만 있다고 되는 일은 아니었다. 냉장고에 가득한 돼지고기 외에도 과일, 야채, 국거리 등 다른 음식들을 준비해야 했고, 바비큐를 위한 장비, 테이블, 의자, 천막 등의 설치와 정리도 필요했다. 나는 주로 야외 일을 맡고, 아내는 실내에서 음식을 준비하며 언제나 기쁨과 감사로 이 일들을 감당했다. 아내는 내가 하는 섬김의 일을 전적으로 도와주는 동역자였다. 밝고 건강하고, 정말 예쁜 아내였다.

아내가 세상을 떠난 후, 어느 목사님이 하신 말씀이 떠오른다. "내가 본 권사님들 중 가장 예쁜 분이셨습니다." 60대 중반의 나이였지만, 흰머리 하나 없던 건강한 아내였다.

2023년 11월 중순, 아내는 인근 의원에서 독감과 폐렴 예방 주사를 동시에 맞았다. 이후 아내는 매우 힘들어했다. 워낙 강인한 여성이었기에, 웬만한 고통은 잘 견디는 사람이었는데 평소와는 다른 모습이었다. 운영하던 카페에 와서도 소파에 바로 눕고, 운전 중 벽에 부딪히는 등 이해할 수 없는 일들이 반복되었다.

불과 6개월 전, 서울대 건강 검진 센터에서 종합 검사를 받은 결과는 매우 건강하다는 소견이었다. 딸들의 권유로 아내는 다시 예방 주사를 맞은 의원을 찾아 피검사를 받았다. 그런데 의외로 심각하다는 의사의 판단이 나왔고, 곧 대학병원에 입원하게 되었다. 12월 10일경이었다.

여러 검사가 진행되었고, 혈액암일 가능성이 높다는 소견이 있었다. 자녀들의 간절한 요청으로, 혈액암 치료에서 국내 최고로 평가받는 대학 병원으로 옮겼다. 크리스마스를 포함한 연휴 전날 병실에 입원했다. 나는 함께 병원에 숙식하며 아내를 돌봤다. 연휴가 끝나면 본격적인 검사와 치료가 예정되어 있었다.

2023년 12월 25일, 크리스마스 아침. 아내는 평소처럼 "굿 모닝"이라고 인사하며 잠에서 깨어났다. 병원식은 거의 먹지 못해 반은 내가 먹었고, 점심도 거의 손대지 않아 빵과 커피로 대신하도록 도왔다. 나는 병원 식사를 챙겨 먹었다. 당시 1인실이었기에 예방 차원에서 보호자는 1명만 허용되었고, 나는 큰딸과 교대하여 잠시 집으로 돌아가 샤워하고 옷을 갈아입으려 했다.

그때, 다급한 큰딸의 전화가 걸려왔다. "엄마가 갑자기 위독해요…" 떨리는 딸의 목소리에 급히 병원으로 돌아왔지만, 아내는 심폐 소생술을 받고 있었다. 의사는 나에게 물었다. "심장이 멈춘 지 5분이 지났습니다. 소생하더라도 뇌에 큰 손상이 있어 정상적인 삶은 어려울 수 있습니다." 그럼에도 나는 간절히 부탁했다. "그렇게 되어도 괜찮습니다. 제발 아내를 살려만 주세요!!!"

이윽고 잠시 심장이 뛰었지만, 곧 다시 멈췄고… 아내는 영원히 내 곁을 떠났다. 그날 점심을 함께 먹고, 큰딸과 즐겁게 대화를 나누던 아내의 모습이 아직도 눈에 선하다. 옷을 갈아입기 위해 병실 문을 나서는 나를 향해 아내가 건넨 마지막 말이 내 마음에 깊이 남아 있다.

"당신은 참 착한 사람이었소."

못난 남편을 만나 최고의 남자로 빚어보겠다는 소망으로 살아왔던 아내. 남편을 향한 그녀의 망치질과 끌 작업은… 그렇게, 멈추고 말았다.

걸작의 완성을
소망한다

하나님은 거친 대리석 같던 나를 아내를 통해 다듬어 주셨다. 아내는 하늘 조각가의 '대리인' 자격으로 맡겨진 사명을 잘 감당했다. 두 손에 망치와 끌을 들고, 나를 과감하고 강력하게 깎아 나갔다. 그리고 어느 정도 하나님의 창조하신 원형의 윤곽이 드러나기 시작했을 무렵, 아내는 자신의 대리인 역할을 하나님께 반납했다. 그리고 조용히 기도의 자리로 나아갔다.

"주님, 남편을 걸작품으로 다듬어가는 남은 작업은 이제 주님께서 직접 해주시길 바랍니다. 제가 할 수 있는 기초 작업은 다 했으니, 남은 정밀한 작업은 주님께서 해주셔야 할 것 같습니다."

하나님을 전혀 몰랐던 나는, 아내의 보살핌과 인도하심을 통해 하나님을 만나게 되었다. 그리고 날마다 예수님과 동행하는 훈련을 받으며, 하나님을 닮아가는 '성화'의 여정을 조금씩 밟기 시작했다.

교회에서는 집사로, 권사로, 장로로, 그리고 감리교단이 파송한

CBS 재단 이사로 섬기며 하나님의 자녀로서의 삶을 살아가려고 최선을 다했다. 회사에서는 과장, 차장, 부장, 상무, 전무, 사장으로 세상에서의 사역의 영역을 넓혀가며, 이웃을 사랑하려 애썼다. 하나님을 더 깊이 알기 위해 미국 덴버신학교에 입학해 신학 공부도 했다. 그럼에도 불구하고 나는 여전히 가끔씩 넘어지기도 한다. 아침에 일어나 가장 먼저 접하는 것은 하나님의 말씀이고, 하루 종일 예수님과 동행하려 애쓴다. 하루를 마무리하며 '예수동행일기'를 쓰고, 말씀에 비춰 나의 삶을 돌아보며 마음을 정리한다. 2013년부터 지금까지 거의 하루도 빠짐없이 일기를 쓰며 잠자리에 드는 루틴을 이어오고 있다.

그렇게 애써 살아가도 나는 때때로 무너진다. 죄성을 지닌 존재로서, 이 땅에서 하나님의 창조 원형, 곧 최고의 걸작품으로 온전히 회복되는 일은 불가능하다는 고백을 스스로 하게 된다. 아무리 노력해도, 이 땅에서는 '미완성 걸작'으로 살아갈 수밖에 없음을 나는 안다.

나를 진정한 걸작품으로 만들어가는 마지막 작업은 결국 하늘나라에서 완성될 것이다. 이미 나보다 먼저 하늘나라로 간 아내는, 그곳에서 완전한 걸작품이 되었을 것이다. 나 역시 언젠가 그곳에서 완성된 걸작품으로 거듭나, 먼저 걸작품이 되어 기다리고 있을 아내를 기쁨으로 다시 만나게 될 것이다.

그 순간을 꿈꾸며, 나는 오늘도 이 땅에서 남은 삶을 살아가려 한다.

끝 맺으며

결국, 아내는 2023년 12월 25일 내 곁을 훌쩍 떠났다. 제대로 작별 인사도 나누지 못한 채 갑자기 떠난 것이다. 아내의 빈소는 마지막 숨을 거둔 병원의 장례식장에 마련되었다. 많은 분들이 찾아오셔서 위로의 마음을 전하시며 조문해 주셨다. 특히 감사한 일들도 많았다.

서른 분이 넘는 목사님들이 오셔서 아내의 평안을 위해, 유가족의 아픈 마음을 위로하기 위해 기도해 주셨다. 섬기는 교회 담임 목사님과 원로 목사님은 위로 예배, 입관 예배와 발인 예배 심지어 하관 예배까지 주관해 주시면서 나에게 큰 위로가 되어 주셔서 감사했다. 장례식장은 많은 조문객으로 붐볐다. 주로 교회 성도들, SK 그룹에 근무했던 옛 직장 선후배 및 동료들, 자녀들의 지인들 그리고 가족 친지들이었다. 믿음이 좋은 두 사위가 중심이 되어 장례식장 전체 운영을 맡아주었다. 아들 친구 수십 명은 3교대로 장례식장을 24시간 섬기면서 조문객들의 교통 지원 등의 잡다한 지원 업무를 맡아주었다. 다들 고마웠다.

특히 입사 동기인 SK 그룹 부회장으로 퇴임한 친구는 3일 내내 장례식장에 있으면서 나를 대신해 SK 그룹 관련 조문객을 맞이해 주었다. 나중에 안 일이지만, 교회 장로가 주관하는 장례라 술은 제공하지 않았는데, 이 친구는 후배들을 시켜 생수병에다 소주를 담아오도록 하여 조문객들에게 술을 대접했다고 한다. 그때 베풀어진 친구의 진정 어린 사랑을 나는 잊지 못할 것 같다. 그리고 내가 SK 그룹에 입사할 무렵 인사부장이셨고, SK 그룹에서 사장으로 퇴임하셨던 선배님도 장례 기간 내내 자리를 지키시면서 나를 위로해 주셨다. 30여 년 회사 생활 기간, 나를 이끌어 주셨던 고마운 선배님이시며 내 인생의 멘토이셨다. 평생 고마움을 기억하며 살 것이다.

또 한 분이 기억난다. 수년간 정을 나누었던 배우 K 씨 부부이다. 멋진 전원주택이 있다며 같이 이웃에서 살자고 제안을 해와 경기도 용인에 주택을 같이 마련하기도 하였다. 우리 부부에게 사랑을 많이 베풀어 준 부부이다. 급하게 아내의 병원 입원도 도와주고, 발인 예배까지 참석하여 나를 위로해 주었다. 그 외에도 고마운 분들이 한두 분이 아니시다. 일일이 고마움을 전하지 못했다. 이 자리를 빌려 고맙다는 인사를 드리고 싶다.

아내의 묘는 경기도 용인 공원에 마련되었다. 많은 조문객들께서 묘지까지 동행해주시면서 우리 가족들을 위로해 주셨다. 나는 그분들이 베푸신 사랑을 잊지 못할 것이다.

아내의 묘비문은 이렇게 새겨져 있다.

눈부시게 빛났던 당신은 우리에게
정말 특별하고 소중한 사람입니다.
내가 선한 싸움을 싸우고
나의 달려갈 길을 마치고 믿음을 지켰으니
이제 후로는 나를 위하여 의의 면류관이 예비되었으므로
주 곧 의로우신 재판장이 그 날에 내게 주실 것이니
내게만 아니라 주의 나타나심을 사모하는 모든 자에게니라

- 디모데후서 4:7-8

아내와 함께 했던 나의 인생 1막은 이렇게 마무리되는 것 같다. 이젠 인생 2막을 다시 시작해야 하는 시간이다. 인생 1막보다는 훨씬 짧은 시간이겠지만 잘 설계해서 인생 2막을 살다가 아내를 만나고 싶다.

어느 시 한 편이 생각난다.

그 꽃

고은 작

내려 올 때
보았네
올라 갈 때

끝 맺으며

못 본
그 꽃

바쁘게 살 때 보지 못했던 꽃들을 이제는 보면서 살고 싶다. 바람 소리도 들으면서, 흐르는 시냇물 소리도 들으면서 느끼게 되는 나의 감정도 소중히 여기고 싶다.

얼마전 요트 사업을 하고 있는 후배가 한강변에 정박되어 있는 본인 소유의 요트에 나를 초대했다. 저녁 무렵 한강 위 요트에서 바라본 석양이 너무 아름다웠다. 주변을 붉게, 따뜻하게 물들이고 서서히 사라지는 그 모습이 너무 인상적으로 다가왔다. 그 순간 붉은 석양처럼 주변 이웃들에게 따뜻한 빛을 남기며 마무리되는 나의 인생 2막이 되었으면 좋겠다는 소망도 생겼다.

나의 인생 2막 선언문을 나름대로 정리해 보면서 끝 맺으려 한다.

나는 이제 나의 감정을 돌보는 일을 게을리하지 않고,
나 자신을 사랑하며 살아갈 것이다.
그리고 여전히 이웃을 향한 따뜻한 시선을 잃지 않으며,
내 삶의 마지막 노을이 가장 아름답게 타오르기를 소망한다.

미완의 걸작,
완성은 하늘에서

김세대 지음